河合塾
SERIES

Master English
through Strategically
Chosen Sentences

まる暗記ゼロの
［頻出］英文マスター

清川 舞×クリス・コルチ 共著

河合出版

はじめに

突然ですが，皆さんは「英語ができる人」になりたいですか？ この本を手に取っているということは，少なくとも英語力をもっと高めたいと考えているのではないでしょうか？

では，どうすれば英語が得意になるのでしょうか？ それは，**英語が苦手な人がやりたがらないことをやる**ことです。

英語が苦手だという人に共通する特徴のひとつは，**頭の中にある英文の数が圧倒的に少ない**という点です。彼らの多くは，**単語帳で英単語の暗記は熱心にする**のですが，**英文そのものをマスターしようとは思いも寄りません**。そして「こんなにも英語を勉強しているのに，どうして英語が得意にならないのだろう？」と悩み続けるのです。

一方，**英語が得意な人は**，ほぼ例外なく**多くの英文が頭の中にインプットされています**。彼らは，**決して「覚え惜しみ」をしません**。単語にしても，**その意味を覚えただけでは自分の伝えたいことを的確に表現できない**ことを知っているので，**可能な限りセットフレーズまたは文ごと習得しようとします**。本番の入試においても，和文英訳・四択の文法語法問題・語句整序作文・長文の空所補充問題・下線部和訳などは，いずれも**英文をたくさん知っている受験生のほうが圧倒的に有利**だと断言できます。

この本は，**大学入試の合格可能性や検定試験のスコアを短期間で上げる**ことを目標にして作られました。とはいえ，機械的で退屈な英文のまる暗記を僕は皆さんに強いるつもりはありません。皆さんが感じるであろう**英語の「なぜ？」に徹底的にこだわり，一つひとつの英文を納得しながら完全理解できる**よう，従来の参考書では**ありえないほど詳しい解説**をつけました。**友人のクリス**にも執筆に参加してもらい，**ネイティブスピーカーならではの考え**も，多くの解説に反映させることができました。

この本を通じて，**揺るぎない英語力**を身につけてください。1冊マスターした先には，**今までとは違う英語の世界が輝いている**ことを約束します！

河合塾 英語講師　清川 舞

本書の特長と効果的な利用法

入試で頻繁に出題される英文を厳選しました。これら一つひとつの英文を「まる暗記」することなく，類似語の微妙な違いから冠詞の使い分けに到るまで，**納得しながらマスターできるよう詳細に解説**しています。**覚えやすく，忘れにくく，また応用もきく**はずです。

英語が比較的得意な人は，**左側の日本文を見て，右側の英文が言えるかどうか**トライしましょう。言えなかった場合は，**英文番号下のチェック欄に印**をつけておきましょう。わかっているものとそうでないものとを区別しておくことは，復習の際に有益です。**その後，解説を熟読**しましょう。新たな知識が得られるかもしれませんし，英文の理解がより深まるはずです。一方，あまり英語が得意でない人は，**事前に解説を熟読した上で，〈日本文→英文〉が言えるかどうか挑戦する**といいかもしれません。一度でスムーズに言えなくても構いません。むしろ**何度も反復練習する**ことが語学学習においては最も大切です。

英文は全部で 500 あります。たとえば 1 日に 10 個ずつ英文を習得したとすると（土日は復習日），10 週間，つまり約2か月半で1冊を終了できます。もちろん自分のペースで進めてもらって構いませんが，**ゴールの日を設定して1日あたりの数を決める**とうまくいきやすいはずです。

学校の行き帰りの電車やバスの中で，「単語集」を勉強している人はよく見かけますが，これからは「英文集」である本書にもトライしてください。**細切れ時間をうまく活用すれば，塵も積もれば山となる**でしょう。

日本文と英文の音声が無料でダウンロードできます（ダウンロード方法は次々ページ）。**耳からも英文をマスター**しましょう。**記憶に残りやすい**だけでなく，**リスニング対策にも有効**です。

もくじ

本書で使われる記号と表記

[ ]	直前の語と言い換え可能
( )	省略可能・補足説明
×	間違った表現　　［例］×enjoy to swim
one's	所有格
oneself	再帰代名詞
S・V・O・C	主語・動詞・目的語・補語
do	動詞の原形
to *do*	不定詞
*do*ing	動名詞・現在分詞
done	過去分詞
🔊 Track 00	音声ファイルのトラック番号

無料音声ダウンロードについて

パソコンから下記の URL にアクセスし，該当する書名をクリックしてください。

http://www.kawai-publishing.jp/onsei/01/index.html

ホームページより直接スマートフォンへのダウンロードはできません。パソコンにダウンロードしていただいた上で，スマートフォンへお取り込みいただきますよう，お願いいたします。

・ファイルは ZIP 形式で圧縮されていますので，解凍ソフトが必要です。
・ファイルは，MP3 形式の音声です。再生するには，Windows Media Player や iTunes などの再生ソフトが必要です。
・1 章が 1 つのファイルになっています。
Track01 ～ Track18 の全 18 ファイルで構成されています。
・掲載されている音声ファイルのデータは著作権法で保護されています。データを使用できるのは，ダウンロードした本人が私的に使用する場合に限られます。
・本データあるいはそれを加工したものを譲渡・販売することはできません。

お客様のパソコンやネット環境により，音声をダウンロード・再生できない場合，当社は責任を負いかねます。ご理解とご了承をいただきますよう，お願いいたします。

1 動詞 _ VERB

001 ☐☐ 長い目で見れば，正直は割に合う。 ⊕6語で

❶ この文における pay は第1文型（SV）をとっており，「**お金を払う→それだけの価値がある→割に合う**」と意味が広がります。
❷ ここでの run は「走る・進む」が転じて，名詞で「**事のなりゆき**」を意味し，in the long run なら「**長期的ななりゆきにおいては→長期的に見ると**」となります。反対に，「**短期的に見ると**」は **in the short run** です。

002 ☐☐ どんな本でも構いません。 ⊕4語で

❶ ここでの **do** は**自動詞**で「**行動する→なんとかできる・間に合う**」の意。**S will do.** の形で「**S で構いません**」「**S で十分です**」と訳します。
❷ any に関しては，「some が疑問文や否定文で使われると any に変わる」と習った人は，この英文の any の説明ができないでしょう。実は **some と any は全くの別物**です。**some** は「**ぼんやり一部**」で，**any** は「**どんな～（も）**」

003 ☐☐ 彼が来ようと来まいと私には重大ではない。 ⊕It で始めて

❶ 名詞の matter は「**重さのあるもの**」が基本義で，ここから「**物質**」「**重大な問題**」などの意味になりますが，ここでは**自動詞**で「**重大である**」です。
❷ It は形式主語で，真主語は whether 以降です。

004 ☐☐ トムは学校に遅刻したことで先生に謝罪した。

❶ **apologize**「謝罪する」は第1文型（SV）をとる**自動詞**です。したがって，I apologize. だけでも文として成立します。
❷ 謝罪の相手，つまり謝罪の行き着く先を **to +［人］**で表せます。**to は「到達先」**を表します。
❸ 謝罪の理由を補足説明したいときは，**求めるイメージの前置詞 for** を使って **for +［理由］**を加えます。

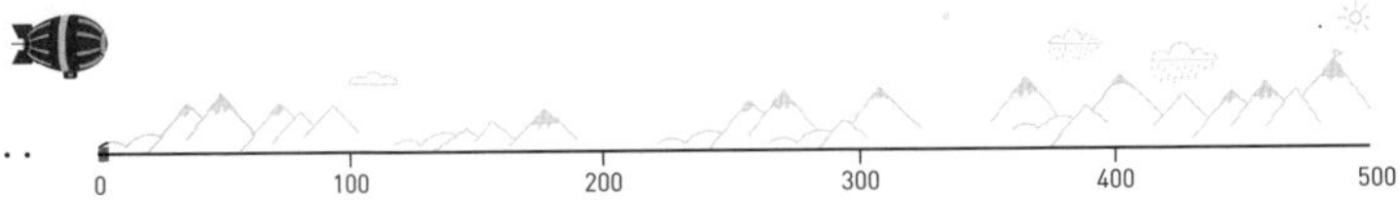

Honesty pays in the long run.

❸ **抽象名詞**（friendship「友情」・peace「平和」・love「愛」など形のない概念を表す名詞，ここでは honesty「正直」）**は通例**，a/an や the などの**冠詞をつけずに用います**。ただし，**抽象名詞が形容詞を伴うときは**，a lasting friendship「変わらぬ友情」のように**冠詞をつけることが多い**です。

Any book will do.

「**どの〜（も）**」と押さえておくといいでしょう。

❸ **will** は「**必ず〜する**」が基本義。直訳は「どんな本でも必ず間に合います」。

❹ 日常会話では，That'll do.「（やっとうまくいった場合に）それで OK だ」や That will have to do.「（やむを得ず）それでもいいだろう」という表現をよく用います。

It doesn't matter to me whether he comes or not.

❸ **whether A or B** は，「**A であろうと B であろうと**」と「**A か B か**」の意味がありますが，どちらも **A と B の二択**であるという点では同じです。

❹ 全体では「彼が来るか来ないかの二択は私にとって重大ではない」が直訳。

Tom apologized to his teacher for being late for school.

❹ school は**可算名詞**で使われると**建物としての学校**を意味し，**不可算名詞**で使われると**授業や部活なども含む学校教育**を意味します。build a new school「新しい学校を建てる」は，物質としての学校の建築を意味し，*be* late for school「学校に遅刻する」は，授業やホームルームなどに遅れることを含意します。

005 ☑☑ 彼女は上着を脱いで，ソファに横になった。 ⊕ and を使って

❶ **自動詞 lie「横になる」と他動詞 lay「～を横にする」**の識別は入試の定番です。
❷ lie は **lie-lay-lain-lying**，lay は **lay-laid-laid-laying** と活用変化し，ここでの lay は lie の過去形です。
❸ **take off A** は，A を取り（take）外す（off）から「**A を脱ぐ**」となります。

006 ☑☑ 当社の新商品はよく売れている。

❶ sell は「物」が主語になると，**自動詞「売れる」**の意味で使えます。「物」が「売られる」と考えて，受動態にする必要はありません。通例，**well「よく」や badly「悪く」などの副詞を伴います。**

007 ☑☑ 彼は黙ったままだった。 ⊕ 3 語で

❶ remain は第 1 文型（SV）と第 2 文型（SVC）をとる動詞です。**第 1 文型では「とどまる」，第 2 文型では「S= C のままだ」**の意味になります。
❷ **形容詞**の性質を確認。**名詞を修飾する**か**補語（＝イコール語）になる**かの二択です。ここでの形容詞 silent は名詞を修飾しておらず，He = silent が成立するので，第 2 文型だとわかります。

008 ☑☑ その俳優は年齢の割には見た目が若い。 ⊕ 比較級を使わずに

❶ 先の **007** 同様，**SV の直後に置かれた単独の形容詞は C** なので，ここでの look は第 2 文型で「**S = C に見える**」の意味。第 1 文型の「**目線を向ける**」とは意味が大きく異なりますね。
❷ for は「**向かっていく**」イメージでした。しかしたとえば，It's warm for February. なら，「暖かい」が「 2 月」に向かうのは不自然ですね。だから

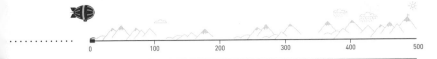

She took off her coat and lay on the sofa.

❹ **and は文法上対等なもの同士しかつなげられません。**ここでの and は，2 つの動詞の過去形 took と lay をつないでいます。

❺ lie には「嘘をつく」という意味もあり，lie-lied-lied-lying と活用変化します。こんなユニークな英文で 2 つの lie の用法を覚えるのもいいでしょう。"Did you lie on the couch? Don't lie!"「ソファで横になっていただと？　嘘をつくな！」

Our new product is selling well.

❷ 副詞の性質を確認しておきます。**名詞以外（具体的には，動詞・形容詞・副詞・文全体）を修飾**する。冒頭文では，副詞の well が動詞の sell を修飾しています。

He remained silent.

❸ なお，I remained at the hotel on the day.「私はその日はホテルにとどまった」なら，第 1 文型の用法です。at the hotel や on the day は**前置詞句**といい，動詞 remained を修飾しています。ここで，**前置詞句（＝前置詞＋名詞）は原則的に修飾語（M）になる**ことを押さえておきましょう。

The actor looks young for his age.

「2 月**の割には**暖かい」と訳します。Tom is short for a basketball player. なら，「背が低い」が「バスケ選手」に向かうのもまれでしょう。だから「バスケの選手**の割には**背が低い」となるのです。ここでは for *one's* age で「年齢の割には」。

009 ☑☑ （相手の提案に同意して）それはいいね。➡5語で

❶ sound は第2文型 SVC で「～**に聞こえる**」の意味になります。His story sounds strange.「彼の話は奇妙に聞こえる」のように **C には通例形容詞がきますが**，名詞を置きたい場合は **<like + 名詞> のように前置詞の like「～のように」が必要**です。

010 ☑☑ その噂は本当であることがわかった。

❶ **S turn out to be C.「後になって S = C であることが判明する」**

❷ He turned out to have been rich.「彼は昔お金持ちだったことが判明した」のように**時のズレを表すときに使う完了不定詞 to have been は省略不可**ですが，**to be だけの場合はあってもなくても構いません**。ただし，冒頭文は The rumor is true. の英文が土台となっているため，ネイティブスピーカーはこの

011 ☑☑ 僕たちの愛が永遠に続きますように。➡I hope で始めて

❶ last には「**続く・持ちこたえる**」という**自動詞**の意味があります。ずっと持ちこたえた結果「**最後の**」という意味が生じます。終わることが前提なので，**一定期間続く**場合に用います。類語の **continue** は The game continued.「ゲームは（その後も）続いた」のように，「**これからも継続する**」という意味で使われます。

012 ☑☑ 夢は叶う。➡3語で

❶ come や go は第2文型で使われると「**（ある状態）になる**」を意味します。

❷ **come は「対象に近づく」**，**go は「今いる場所から離れる」**が基本義なので，**前者はプラス**の，**後者はマイナス**のイメージで捉えられることがあります。したがって，come は補語にポジティブな形容詞が，go はネガティブな形容詞がきます。前者の例は，**come alive「生気を取り戻す」**・**come clear「明らか**

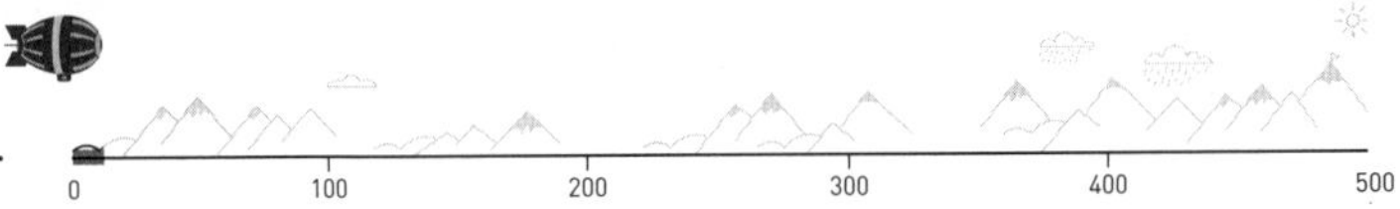

That sounds like a plan.

❷ ここでの **a plan** は「**いい考え**」という意味で，a good idea とほぼ同意です。
❸ 口語では，**主語の that が省略**されて，Sounds like a plan. とか Sounds good. の形でもよく使います。

The rumor turned out to be true.

be 動詞 is の名残である to be を省略するのを嫌がる傾向があります。
❸ turn out は **prove** に置き換えることができます。
❹ 英語の枕詞（まくらことば）に **As it turns out,「結論から言うと」** や **As it turned out,「後になってわかったことだが」** があります。これは，何かを相手に伝える前に添える決まり文句で，よく使われます。

I hope our love will last forever.

❷「**永遠に**」という副詞は，forever の代わりに **for ever** や **for good** という表現でも OK です。
❸ I hope は I hope our love lasts forever. のように，未来の内容でも**後続の節を現在形で表す**こともよくあります。

Dreams come true.

になる」，後者の例は **go wrong「うまくいかなくなる」・go bankrupt「倒産する」・go mad「頭がおかしくなる」・go bad「腐る」** などです。
❸ dreams と複数形になっているのは，夢全般の話をしているからです。たとえば，I like cats. と言えば，特定の猫ではなく「私は猫全般が好きです」を意味するのと同じです。

013 ☐☐ クリスはニューヨークで生まれ育った。 ⊕ and を使って

❶ **他動詞 bear「(子) を産む」**の活用は **bear-bore-born**。過去形が bore で，過去分詞形が born。A bear B.「A(母)が B(子)を産む」の受動態は，B is born by A.「B(子)は A(母)によって産まれる」になります。それゆえ<***be* born**>で**「生まれる」**の意味になります。

014 ☐☐ 葉は秋に赤く染まる。

❶ 名詞の **turn** は**「回転」「変化」「順番」**などの意味がありますが，これが動詞として使われても**ぐるぐる回って変化する**イメージは変わりません。ここでは，葉が緑→黄→赤と変化する様子を<**turn + 色を表す形容詞**>で表します。「信号が青に変わった」なら The traffic light turned green. です。

015 ☐☐ その力士は 300 ポンドを超す体重だ。 ⊕ weigh を使って

❶ 動詞 weigh は第 2 文型 SVC では「**S は C(重さ)がある**」，第 3 文型 SVO では「**S が O の重さを量る**」と意味が異なるので注意しましょう。ここでは第 2 文型で使われています。

016 ☐☐ 僕と結婚してくれませんか？ ⊕ 定番フレーズ

❶ 他動詞 marry は，**marry A** で「**A(人)と結婚する**」の形で用います。決して[×] Will you marry with me? とは言いません。

❷「A(人)と結婚する」は **get married to A** も OK ですが，この married は形容詞です（⇒**121**）。

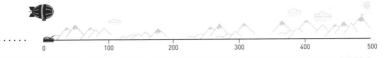

Chris was born and raised in New York.

❷ **他動詞 raise「(人) を育てる」**の活用は **raise-raised-raised**。したがって「私が育てられた」なら，受動態 I was raised. となります。

❸ and が born と raised という 2 つの過去分詞をつなぎ，共通の be 動詞が was ということになります。これを**共通関係**と言います。

Leaves turn red in autumn.

❷ leaf「葉」の複数形は **leaves** です。ここは特定の葉に言及していないので，**そのもの全般を示す複数形**が適切です。

❸「秋」は autumn の代わりに **fall** も OK です。秋は葉っぱが落ちることが語源となっています。

The sumo wrestler weighs over 300 pounds.

❷ 1 pound = 約 454 g なので，300 pounds というと 136 kg くらいになります。

❸「A(数字)を超す」は over A や more than A などで表します。

Will you marry me?

❸ Will you ～？は「～してくれないか」と，**カジュアルに依頼する**際によく用います。

❹ この文で，もし will you の代わりに would you を使ったら，If I asked you, would you marry me?「僕が要求したら，君は結婚してくれるかい？ = 僕が要求しなかったら，君は僕と結婚しない」といったニュアンスになり，不自然です。

017 ☐☐ 赤は君によく似合うね。 ➔4 語で

❶ suit A「A(人)に合う・都合がよい」の主語は，**服・色・気候・食物・時間・場所**などで，それらが**A(人)の要件を満たしている**ことを表します。

018 ☐☐ そのソファはカーペットの色に調和している。

❶ suit とよく混同される match は，**A match B.** で「**A(ある物や人)が B(別の物や人)に調和する**」という意味で，**A と B が同等な概念である**ことが前提です。「同等」とは，**017** の場合 red「色」と you「人」はそもそも異なる概念なので同等とは言えませんが，the sofa と the carpet は両方とも「物」なので同等と言えます。

019 ☐☐ この帽子は私に大きさがぴったりだ。

❶ fit にも「合う」という意味がありますが，これは fitting room「試着室」からもわかる通り，**A fit B.** で「**サイズにおいて A(服など)が B(人)に合う**」ということです。

020 ☐☐ 私たちは夜更けまでその問題について話し合った。 ➔8 語で

❶ discuss は第 3 文型をとる他動詞で，discuss A = **talk about A** とおさえておくといいでしょう。

❷ into the night は，昼から夜に変化することで，far「(時間的に) 遠くに」は強めの副詞。far into the night で「夜更けまで」ですが，far の代わりに deep や well などでも似た意味を表します。

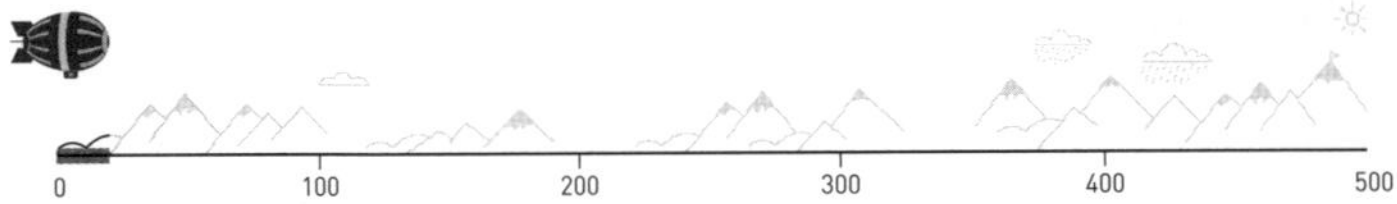

Red suits you well.

❷ Suit yourself.「自分自身に合うようにしなさい→**あなたの好きにしなさい**」は口語でよく使われるお決まりの表現です。

The sofa matches the carpet in color.

❷ 名詞の match に「**試合**」や「**似合いの相手**」という意味があるのも，試合するには両チームの実力がある程度釣り合っている，つまり調和していることが必要だし，理想のカップルには調和があるはずだからです。

This hat fits me very well.

❷「ぴったり」は very well や perfectly などを使うといいでしょう。
❸ サイズが合うことから fit には「**適した**」「**健康な**」という形容詞の意味もあります。fitness club「フィットネスクラブ」の fitness は，fit「健康な（= healthy)」の名詞形です。

We discussed the issue far into the night.

❸「問題」と訳せる英単語は様々ですが，とりあえず issue「**議論されるべきこと**」，problem「**解決すべきこと**」，matter「**件**」，subject「**テーマ**」，trouble「**厄介なこと**」と覚えておくといいでしょう。

021 ☐☐ 我々は時代の要求に応えなければならない。

❶「私たちは時代が求めているものに出会わなければならない」が直訳ですが，ここから **meet** は「**応じる・満たす**」の意味になります。
❷「**要求・需要**」は demands 以外に **needs** も OK です。ここでは，様々な要求や需要があるはずなので，複数の -s をつけるのがいいでしょう。

022 ☐☐ 質問があったら手を挙げなさい。

❶ 他動詞 raise は「(人) を育てる」(⇒**013**) 以外にも「～を上げる」という意味があります。「育て上げる」という日本語もあるくらいですから，「育てる」と「上げる」は概念的に似ているのです。
❷ 他動詞 raise「上げる」と自動詞 rise「上がる」の違いは試験で頻出します (⇒**058**)。活用は，それぞれ raise-raised-raised，rise-rose-risen です。

023 ☐☐ ロバートは，あらゆる点で父親に似ている。

→ every を使って 7 語で

❶ resemble は他動詞，**A resemble B.**「A は B に似ている」です。
❷ **A take after B.** も同意ですが，使用に際して注意点を 1 つ。take と after からわかるように，子供は親の後に(after)生まれて特質を受け継ぐ(take)ので，**A が子供で B が親**です。よって，「彼はアルパカに似ている」で take after は使えません。外見が似ているのなら，He **looks like** an alpaca. です。

024 ☐☐ 葬式には参列しましたか？ → go 以外を使って 5 語で

❶ attend は，他動詞 **attend A** で「**A に出席［参列］する**」，自動詞 **attend to A** で「**A(人の言葉)に注意を払う**」「**A(病人など)の世話をする**」のように，用法によって意味が異なるので注意が必要です。

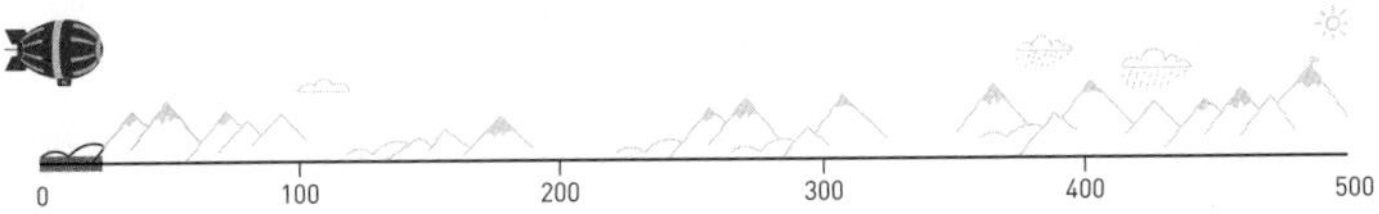

We have to meet the demands of the age.

❸ ここでの of は**所有「～が持つ」**を表します。「時代が持つ要求→時代の要求」ということで，the price of the book「その本が持つ価格→その本の価格」や the atmosphere of this class「このクラスが持つ雰囲気→このクラスの雰囲気」などが類例です。

Raise your hand if you have any questions.

❸ any は「どんな～でも」でした（⇒**002**）。「たとえどんな質問でもあれば」が直訳です。if you have some questions でも構いませんが，**相手が質問をすることを予期している**ときに限定されます。

❹ **動詞の原形**の本質は「**まだ実現していない動作**」。**命令文が動詞の原形で始まる**のも，命令しても，それが実際に行われるかどうかは定かでないからです。

Robert resembles his father in every respect.

❸ ここでの in「**～において**」は**分野・領域**を表します。

❹ **respect** には「尊敬」だけでなく「**点**」という意味もあります。re（再び）+ spect（見る）から，「見ること→観点→点」となったと考えられます。ここでは respect の代わりに point や way などもありです。

❺ 形容詞 **every の後ろは必ず単数名詞**がきます。なお，every respect = all respects です。

Did you attend the funeral?

❷ ここでの「葬式」は，話者の間でどの葬式なのかわかっているはずだから the のほうが自然です。a funeral だと「ある葬式」という意味になるため，相手から「どの葬式のことですか？」と聞き返されるかもしれません。

025 ☑☑ おじはコンビニを経営している。

❶ run は第 1 文型だと「**走る**」「(川や水などが) **流れる**」「(for A を伴って) **A に立候補する**」, 第 2 文型だと「**S = C になる**」, 第 3 文型だと「**S は O を営む**」となります。ここでは第 3 文型の用法です。

026 ☑☑ 君がいなくてすごく寂しいよ。 ⊕ so much を使って 5 語で

❶ miss は「**つかみ損なう**」が基本義で, そこから「(乗り物) **に乗り損なう**」「(チャンス) **を逃す**」「(人や物) **がいなくて寂しく思う**」などの意味が生まれます。

027 ☑☑ 飛行機が完全に止まるまで座ったままでいてください。

⊕ seat を使って 8 語で

❶「座ったままでいる」のだから seating にする人が多いです。実は, **seat は「(人) を座らせる」という意味の他動詞**です。A seats B.「A が B を座らせる」を受動態にすると, B is seated by A.「B は A に座らされる」で, **結局座っているのは B** ということになりますね。つまり ***be* seated** で「**座っている**」。今回は, この *be* の代わりに remain「〜のままだ」が置かれて remain seated「座ったままでいる」となるわけです。

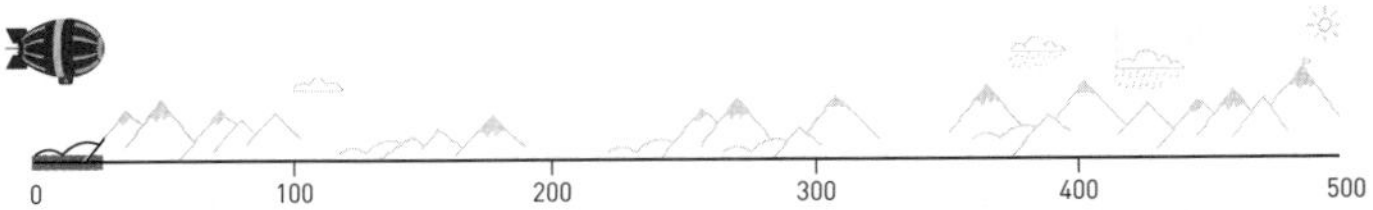

My uncle runs a convenience store.

❷ なぜ「コンビニ」は形容詞の convenient「便利な」+ store ではないのでしょう？　それは「自宅の近くにあって便利な店」といった別の意味になってしまうからです。実は，名詞の **convenience** には「**日用雑貨**」の意味があり，たとえば a drugstore「薬を売っている店」や a candy store「お菓子を売っている店」のように a convenience store なら「日用雑貨を売っている店」となるわけです。

I miss you so much.

❷ **so much** は副詞句で，Thank you so much.「どうもありがとう」や I hate summer so much.「私は夏がすごく嫌いです」のように，**動詞の意味を強める**用法があります。so much とほぼ同じ意味で，I miss you much. や I miss you so. のように much や so だけを使うこともありますが，（特に若い世代では）そのような言い方をする人はまれです。

Please remain seated until the airplane completely stops.

❷ airplane の代わりに aircraft も可ですが，**aircraft** はヘリコプターや気球なども含む**航空機全般**を表します。

❸ until 以降は，**未来の時を表す副詞節**なので，動詞を現在形の stops にします（⇒**076**）。

❹ 副詞 completely の位置は stops の後ろでも構いませんが，そうなると「完全に」に意味の重きが置かれます。stops が最後にくると「止まる」が強調されます。英語は**文末に重要情報がくる**からです。

028 ☐☐
その捜査官たちは銃を求めて彼の家を捜索した。
⊕search を使って 8 語で

❶ **search A for B「B を求めて A の中を探す」**が基本ですが，部分を切り取って **search A「A の中を探す」**や **search for B「B を求める」**のような使い方もできます。

029 ☐☐
私は父に新車を買うよう説得した。

❶ talk は，**talk to A「A(人)に話しかける」**や **talk about A「A(事)について話す」**のような自動詞用法のみならず，**talk A into *do*ing「A(人)を説得して～させる」**という他動詞用法もあります。

030 ☐☐
給料日まで五千円貸してくれない？ ⊕Can you で始めて

❶ **lend「貸す」**は第 4 文型をとる動詞です。
❷ もし Can I で始めるなら，borrow「借りる」を使って Can I borrow 5,000 yen until payday? にすれば，ほぼ同じ意味になります。
❸ until「～まで（ずっと)」と by「～までに」も紛らわしいので注意しましょう。

031 ☐☐
彼女は私に良い知らせをもたらしてくれた。
⊕give を使って 5 語で

❶ **give O_1 O_2「O_1(人)に O_2(物)を与える」**は第 4 文型をとる動詞です。
❷ give me good news は give good news to me にすることができますが，前者は「私に何を与えたか」に，後者は「良い知らせを誰に与えたか」に，意味の重きが置かれます。英語は**文末に重要情報がくる**のでしたね（⇒**027**）。

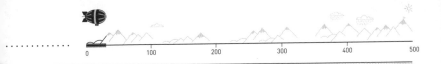

The investigators searched his house for the gun.

❷「捜査官」an investigator = an agent

I talked my father into buying a new car.

❷ into は「中に入る」ことによって起こる「**状態変化**」を表し，ここでは父の気持ちが変化して，新車を買うことになります。

❸ into の反対語となる **out of** を使うと「**A(人)を説得して～するのをやめさせる**」となります。

Can you lend me 5,000 yen until payday?

❹ **payday「給料日」**は可算名詞なのですが，まるで不可算名詞のように**無冠詞で使われることが多い**です。考えられる理由は，day「日」よりも pay「(給料の）支払い」のほうに意味の重きが置かれるようになり，抽象名詞と認識されるようになったからかもしれません。

❺ dollars, pounds, euros のように，通例通貨の単位には複数の -s がつきますが，yen には不要です。yens とは言わないので注意しましょう。

She gave me good news.

❸ **news「知らせ」**は**不可算名詞**なので，a good news とは言えません。また，語尾の s は，現在では複数の -s とは考えられていないので，**常に単数扱い**します。

032 ☑☑ その薬を飲めばよくなるでしょう。 ⊛do を使って

❶ do が第 4 文型で使われると「**O_1 に O_2 をもたらす**」の意味になります。O_1 は通例「人」, O_2 は **good「利益」・harm「害」・damage「損害」・a favor「親切な行為」** などです。

033 ☑☑ あなたが楽しいクリスマスを過ごせますように。 ⊛セットフレーズ

❶ 第 4 文型で wish が使われています。この文型の特徴は「**O_1(人)が O_2(物)を持つ**」という関係が成立する点にあります。したがって，ここでは「あなた (you) が素敵なクリスマス (a merry Christmas) を持つことを私が願っている (I wish)」というのが直訳です。

❷ wish は that 節が後続する（つまり第 3 文型の）ときは，I wish I were a bird.「鳥ならば良いのになあ」のように，**起こりえないことを願います**。し

034 ☑☑ ジョンは娘に何でも与えた。 ⊛give を使わずに

❶ deny といえば「否定する」を思い浮かべる人が多いでしょうが，これが第 4 文型で使われると「**O_1(人)に O_2(物)を与えない**」となります。

❷ そもそも第 4 文型は「O_1 が O_2 を持つ」という関係が成立する（⇒**033**）ので，deny の場合なら，「O_1(人)が O_2(物)を持つのを否定する→ O_1(人)に O_2

035 ☑☑ 2，3 分時間を割いていただけませんか？ ⊛丁寧な依頼に

❶ **spare O_1 O_2「O_1(人)に O_2(時間)を割く」**

❷ 依頼の表現は，**Could you ～？** や **Would you ～？** や **Can you ～？** などがありますが，順に丁寧度が下がります。**Will you ～？** は「～してくれないかい」

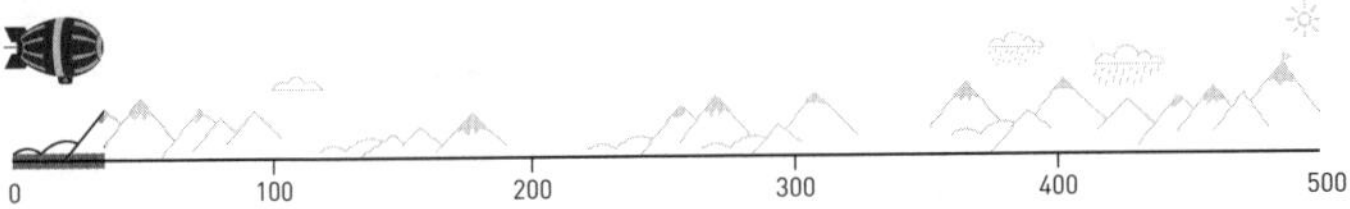

The medicine will do you good.

❷ give you harm や give damage のような表現は，あまり一般的ではありません。
❸ do O_1 O_2 は do O_2 to O_1 になることもあります（⇒**031 ❷**）。

I wish you a merry Christmas.

かし，第 4 文型の wish は，**人の幸せや幸運を願う**という意味になるため，決して話者は you の不幸なクリスマスを望んでいるわけではないのです。
❸ 意味は似ていますが **hope は第 4 文型の用法がない**ため，ここで wish を hope に置き換えることはできません。<**hope that 節**>自体は OK ですが，wish と違って**節内は実現可能性が高い内容**になります。［例］I hope（that）tomorrow will be sunny, too.「明日も晴れるといいなあ」

John denied his daughter nothing.

(物)を与えない」となるわけです。
❸ ここでは「daughter に nothing を与えない」のだから「娘に何でも与える」となります。

Could you spare me a few minutes?

といった感覚で**ややカジュアル**です。
❸ **a few** は「(数えられるものが) **少しはある**」とか「**2, 3 の**」という意味です。

036 ☑☑

私が駅まで歩いていくのに10分かかった。 ⊕ It で始めて

❶ take の第4文型の用法で，**S take O_1 O_2.「O_1(人)が S(事)をするのに O_2(時間)がかかる」**となります。日本語と英語の語順のギャップが大きいので入試でよく狙われます。

037 ☑☑

我々がその博物館を建築するのに100万ドルかかった。

⊕ It で始めて

❶ **S cost O_1 O_2.「S(事)が O_1(人)に O_2 を払わせる」**ここでは O_2 の犠牲が「お金」になっています。

038 ☑☑

彼が来てくれたおかげで，わざわざ彼に電話しなくてすんだ。 ⊕ His visit で始めて

❶ **S save O_1 O_2.「S(事)が O_1(人)に O_2(金・時間・労力)を省かせる」**

039 ☑☑

その男は有罪だと思う。 ⊕ 第5文型になるように

❶ think は，第1文型の **think of[about] A「A について考える」**(⇒**064**)，第3文型の **think that 節「…と思う」**，第5文型の **think O to be C「O＝C だと思う」**の3つの用法をおさえておきましょう。

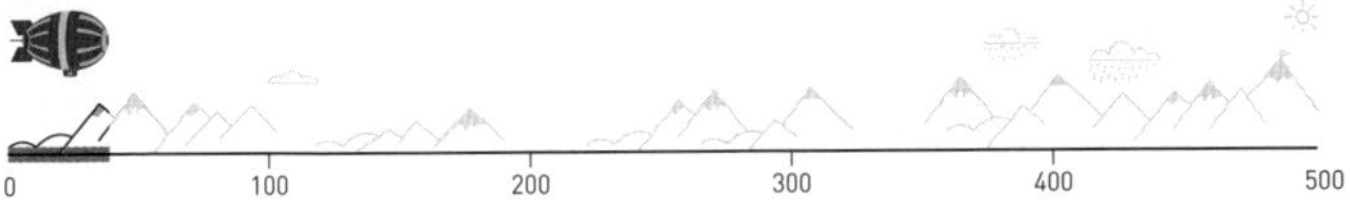

It took me ten minutes to walk to the station.

❷ ここでは「〜すること」が真主語，文頭の it は形式主語です。
❸ **walk to A「A まで歩いていく」**は **go to A on foot** でも構いませんが，後者は on foot「徒歩で」に意味の重きが置かれることになります。

It cost us a million dollars to build the museum.

❷ it は形式主語で to build 以降が真主語です。
❸ cost は **cost-cost-cost** と活用します。ここでの cost はもちろん過去形です。

His visit saved me the trouble of calling him up.

❷ **同格の of** が使われています。ここでは，the trouble「面倒」＝ calling him up「彼に電話すること」が成立しています。**the 名詞 of *do*ing「〜するという名詞」**の形に注目しましょう。
❸ **「A(人)に電話する」call A up= telephone A**

I think the man to be guilty.

❷ think O to be C の to be は省略できますが，この構文は The man is guilty. という文が変形して埋め込まれた形なので，ネイティブは to be があるほうを好みます。
❸ O to be C を後続させる動詞には，think の他に **find, believe, consider** など**思考系の動詞**が挙げられます。
❹ guilty「有罪の」⇔ innocent「無罪の」

040 ☐☐ 目を開けたままでいることがほとんどできない。

❶ 第5文型 **keep O C「O を C のままにしておく」**で，ここでは C に**形容詞の open「開いている」**が置かれています。動詞の open ではありません。

041 ☐☐ 電気をつけっぱなしにしてはいけません。 ⊕Don't で始めて

❶ leave O C も先の keep 同様**「O を C のままにしておく」**ですが，keep は**意図的にある状態にしておく**のに対し，leave は**意思とは無関係にある状態に放置しておく**，という違いがあります。

042 ☐☐ 私は留学することに決めた。 ⊕7語で

❶「〜することを決める」と言いたいとき，decide は目的語に動名詞でなく to 不定詞をとります。理由は，**to 不定詞**は「**これから〜する**」という**未来志向**の表現で，**動名詞**は「**過去に〜したこと**」か「**一般的に〜すること**」すなわち**概念**を表すからです。たとえば，to swim なら「これから泳ぐ」感じ，swimming なら「過去に泳いだこと」か「水泳」という概念（＝時制的にニュートラル）になります。

043 ☐☐ 私の趣味は水泳です。 ⊕time と enjoy を使って

❶ enjoy を「〜を楽しむ」で覚えている人が多いと思いますが，単に have fun「(パーティーなどを）楽しむ」といった感覚ではなく，「**〜から喜びを得る**」といった意味により近いと思います。

❷ ここでの enjoy の対象は**概念**としての「水泳」です（⇒**042**）。仮に ×enjoy <u>to swim</u> だと「<u>これから泳ぐこと</u>から喜びを得る」と，おかしな意味になってしまいます。

❸ My hobby is swimming. は，ネイティブにとってやや不自然な英文です。**英**

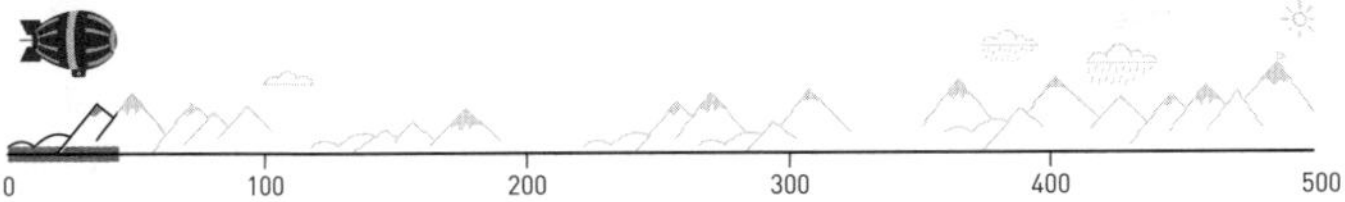

I can hardly keep my eyes open.

❷ OC 間に be 動詞を入れると，次のような文ができます。 My eyes are open.「私の目は開いている」
❸ **副詞の hardly「ほとんど～ない」**は，**not と同じ位置**にきます。

Don’t leave the light on.

❷ ここでは，**副詞の on「(電気などが) 通じて」**が C に置かれています。
❸ OC 間に be 動詞を入れて，次のような文にできます。The light is on.「明かりがついている」

I decided to go abroad to study.

❷「これからすること」しか「決める」ことはできないので **decide と to 不定詞は相性がいい**わけです。
❸「留学する」は，go abroad「外国に行く」+ to study「勉強しに」とするか，もっとシンプルに study abroad「外国で勉強する」とします。**abroad「外国に / で」は副詞で to や in の意味を含む**ので，×go to abroad や study in abroad とは言いません。

In my free time, I enjoy swimming.

語の hobby はスポーツの趣味にはあまり用いず，独りで比較的静かに行うもの，たとえば読書・切手収集・料理・バードウォッチングなどに用いる傾向があるからです。
❹ 冒頭文は，「仕事や学校などがないときは(in my free time)水泳(swimming)を楽しみます(enjoy)→趣味は水泳です」となります。なお，in my free time はなくても問題ありません。また，in の代わりに with を，free の代わりに leisure を使うのもありです。

044 ☐☐ 私は彼が劇場に一人で入るのを目撃した。 ⊕ see を使って

❶ hear, see, watch, feel, smell など，感覚に関する動詞を**知覚動詞**と言います。知覚動詞は<SVO + X>の X に置かれる語によって次の 3 つに分類できます。
❷ (1) X = **動詞の原形「O が X する」** (2) X = **現在分詞「O が X している」** (3) X = **過去分詞「O が X される」**の 3 パターンがあります。ここでは see him enter なので，(1)のパターンで「彼が enter するのを目にする」です。

045 ☐☐ 何かが私の背中で動いているのを感じた。

❶ 先の **044** の(2)のパターンで，**feel O *do*ing「O が～しているのを感じる」**。
❷「私の背中で」は something と my back が「接触」しているので，on を使って on my back と言います。

046 ☐☐ どこかで私の名前が呼ばれるのが聞こえた。 ⊕ I で始めて

❶ 先の **044** の(3)のパターンで，**hear O *done*「O が～されるのを耳にする」**。
❷ I've met her somewhere.「どこかで彼女に会った」のように，somewhere だけでも「どこかで」の意味がありますが，この文では，声の「出所」が定かでないので from「～から」が必要です。

047 ☐☐ 彼が手伝ってくれたおかげで，その課題を早く終えられた。 ⊕ enable を使って

❶ **S enable O to *do*.「S は O が～するのを可能にする」**
❷ S が無生物で O が人のときは「**S のおかげで O は～できる**」と訳せます。
❸「課題」は **assignment** でもいいです。assign「割り当てる」の名詞形のため，「割り当てられた仕事」という意味で，アメリカでは homework「(学校の)宿題」の意味でも用います。
❹「はやく」を意味する副詞は，とりあえず **fast「速度が速く」**，**early「時間が**

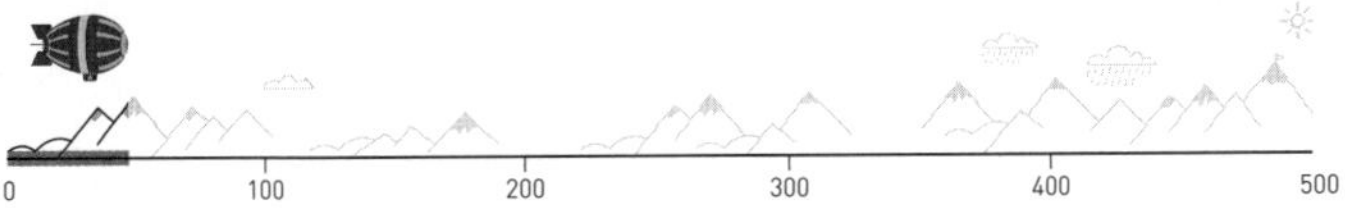

I saw him enter the theater alone.

❸ enter は，他動詞 **enter A「A の中に入る」**と自動詞 **enter into A「A を始める」**の 2 つの用法がありますが，ここでは前者です。
❹「**一人で**」は alone の代わりに **by himself** でも構いません。

I felt something moving on my back.

❸ <知覚動詞 O *do*>と<知覚動詞 O *do*ing>の違いは，前者が**動作の一部始終**を知覚するのに対して，後者は**動作の一瞬**を知覚しているという点です。

I heard my name called from somewhere.

❸ I heard (that) my name was called. は，文法的にはありですが意味的に不自然です。というのも，<**hear that 節**>は「**…という噂を耳にする**」という意味なので，「自分の名前が呼ばれるという噂を耳にした」となるからです。

His help enabled me to finish the task earlier.

早く」，**soon「今から間もなく」**，**quickly「すばやく」**，**rapidly「急速に」**と理解しておくといいでしょう。
❺ なぜ early ではなく earlier なのか？　それは「彼が手伝ってくれなかった場合」と「彼が手伝ってくれた場合」を比べているからです。日本人学習者は，ネイティブが比較級を使う場面で原級を使ってしまう傾向があります。意識して比較級を使えるようにしましょう。

048 ☐☐ 度重なる失敗が彼を飲酒に追いやった。 ⊛ drive を使って

❶ 言うまでもなく，車が誕生するまでは drive に「車を運転する」という意味はありませんでした。**drive の基本義は「何かをある状態に追いやる」**です。人間が追いやって動かす主な交通手段が，時代とともに馬から車に変わっただけです。

049 ☐☐ ニクソンはやむなく辞職しなければならなかった。 ⊛ force を使って

❶ **force O to *do*「無理矢理 O に～させる」**の受動態。
❷ force の代わりに **compel** も可です。

050 ☐☐ なぜ彼女は気持ちを変えたの？ ⊛ make を使って

❶ 使役動詞 **make O *do*「O に～させる」**を使って，「何が彼女の気持ちを変えさせたの？」と発想します。
❷ **change *one*'s mind「気持ちを変える」**

051 ☐☐ 彼女はいつも子供たちのやりたいようにやらせる。

❶ 使役動詞 **let O *do*「O に～させる」**
❷ 先の make と let の意味との違いは，**make** が「**強制的にさせる**」のに対して **let** は「**許可・放任してさせる**」となる点です。

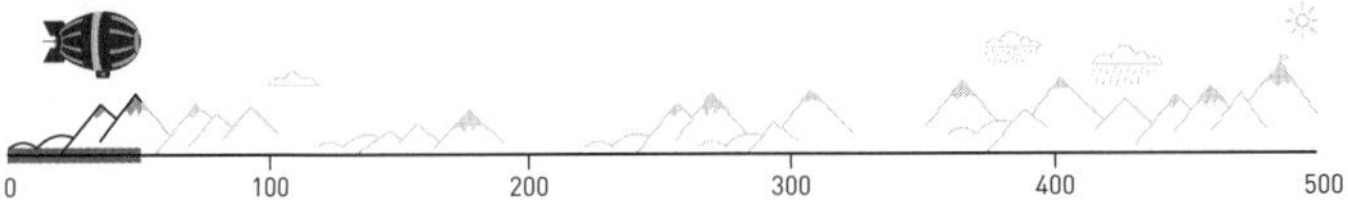

Repeated failures drove him to drink.

❷ drive O to *do*「O を～する状態へと追いやる」

❸ repeated「繰り返された」を単純に many「多くの」にしても構いません。

❹ drink「酒を飲む」［例］He doesn't drink or smoke.「彼は酒もタバコもやらない」

Nixon was forced to resign his post.

❸ resign his post「辞職する」は，Nixon が元米大統領を指しているならば leave the White House「ホワイトハウス（米大統領官邸）を去る」という言い方もありでしょう。

What（has）made her change her mind?

❸ この日本語の場合，時制を過去形にしても現在完了形にしても，どちらでも構いません。ただし，相手に伝わる微妙なニュアンスは異なります（⇒**066**）。

She always lets her children do what they want to.

❸ what S V「S が V すること」

❹ want to の後ろには do が省略されています。前に出てきた動詞の繰り返しを避けるためです。このように，不定詞句の to だけを残したものを**代不定詞**といいます。

052 ☑☑ 息子に手荷物を運んでもらった。 ⊙ by を使わずに

❶ have O *do*「依頼して O が～する状態を持つ」が基本の意味。ここでは，息子に依頼して，「息子が手荷物を運ぶ状態を持った」ということ。have O X の形で，**能動関係<O が X する>**が成立します。
❷ have O *done*「依頼して O が～される状態を持つ」を使って，I had my

053 ☑☑ 私は空港で手荷物を盗まれた。

❶ **052** の❷で紹介した英文同様，have O *done* の形ですが，「依頼して手荷物を盗んでもらった」では意味不明です。そんなときは「被害として手荷物を盗まれる状態を持った」と考えましょう。
❷ have O *done* の形が，依頼の意味か被害の意味かは**文脈で判断**します。

054 ☑☑ 私は彼女におしゃべりをやめさせることができなかった。 ⊙ get を使って

❶ get O to *do*「**O が～する状態を手に入れる**」は have O *do* と同じだと考えている人がいるようです。確かに，「**依頼して O に～してもらう**」という意味においては似ていると言えるのですが，厳密には have は，S が上司で O が部下，または S が客で O が店員のように，**立場が上から下への依頼**です。一方，S get O to *do*. は，**S と O の関係は特に問題にならない**ため，使うとすればこちらのほうが無難でしょう。また，to *do* の依頼内容を**説得して O にさせる**と

055 ☑☑ 私は彼に 15 ドルの借金がある。

❶ owe O_1 O_2「**O_1(人)に O_2(義務)を負う**」が基本で，O_2 は「**お金・恩義・忠誠**」などです。
❷ 支払いのときに How much do I owe you? と言えば「**おいくらですか**」という決まり文句です。

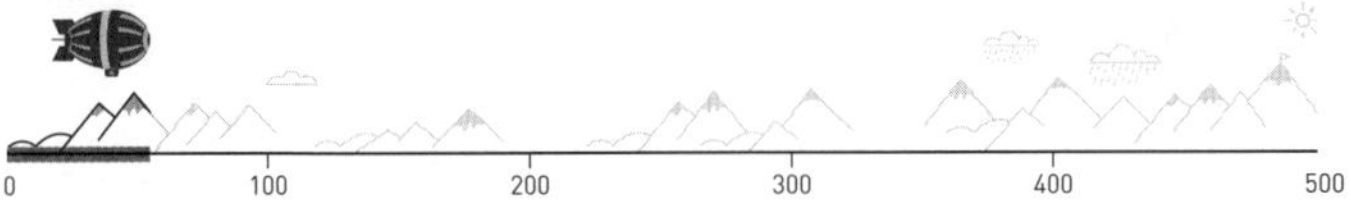

I had my son carry my baggage.

baggage carried by my son. と書き換えられます。これは，have O X の形で，**受動関係<O が X される>**が成立します。

❸ baggage「手荷物」は**不可算名詞**なので，×a baggage や×baggages のような言い方はありません。また，luggage でも構いません。

I had my baggage stolen at the airport.

❸ ここで had の代わりに got を使うこともありますが，**got はより口語的でくだけた印象**を与えます。

❹「空港で」の「で」は，空港を**地図上の 1 点**と捉えて **at** を用います。

I couldn't get her to stop talking.

いったニュアンスもあります。

❷ ここでは，get を使っているので，私と彼女に上下関係はありません。彼女を説得しておしゃべりをやめさせようとしたが無理だったということです。

❸ ちなみに **stop talking「おしゃべりをやめる」**と **stop to talk「おしゃべりするために立ち止まる」**の違いも重要です。

I owe him fifteen dollars.

❸ dollar は，俗語で **buck** とも言います。アメリカの開拓時代に，buck skin「鹿の皮」が物々交換で使われていたのが由来で，15 ドルなら fifteen bucks とも言います。

056 ☐☐ 先生はその単語の意味を私たちに説明してくれた。

❶ explain「説明する」は二重目的語をとることができません。×**explain［人］［事］とは言えない**ということです。explain は第 3 文型で［事］を目的語にとります。「誰に」と言いたければ，修飾語として to［人］を加えます。

❷「［人］に［事］を説明する」において，**［人］が重要情報**のときは **explain［事］to［人］**に，**［事］が重要情報**のときは **explain to［人］［事］**の語順にします。

057 ☐☐ 私は，彼にその農地を売るように提案した。 ⊛ suggest を使って

❶ suggest は，［事］to［人］か to［人］［事］を後続させました（⇒**056**）が，［事］が that 節 のときは，<**suggest to［人］that 節**>の語順になります。

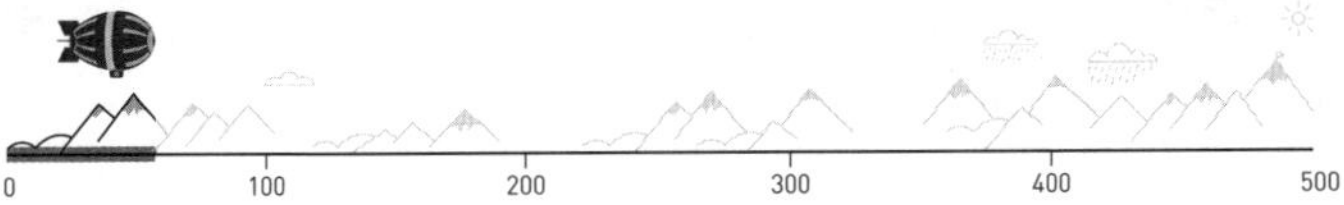

The teacher explained to us the meaning of the word.

❸ explain 同様，二重目的語をとりそうでとれない動詞は，**suggest「提案する」**・**prove「証明する」**・**express「表現する」**などがあります。

❹ ここでの「先生」は，話し手と聞き手の間で**共通認識できる**先生のはずだから the teacher にします。

I suggested to him that he sell the farmland.

❷ that 節内は<**S + 動詞の原形**>になります。提案してもそれが実現するかどうかは定かでないからです（⇒**022**）。イギリス英語では，**あるべき姿**を表す助動詞 **should** を使って I suggested to him that he should sell the farmland. のように<**S + should + 動詞の原形**>にします（⇒**093**）。

2 時制 _TENSE

058 ☑☑ 太陽は東から昇る。

❶「現在形」という用語は誤解を招きやすいことで知られています。なぜなら，**今現在起こっている動作は通常「現在進行形」で表す**からです。「**現在形」の本質**は「**基本的に変わらないであろう動作**」すなわち**安定感**のある動詞の形なのです。

❷ 太陽が東から昇るのは，よほどのことでもない限り変わりませんよね。あと50億年くらいは燃え続けるらしいです。なかなかの安定感ですね。だから現在形で表します。

059 ☑☑ ご職業は？ — 秘書をしています。 ⊙ you と I を使って

❶ What do you do? を「今あなたは何をしていますか」と訳すのは間違い。その日本語なら What are you doing now? と現在進行形にすべきです。

❷ 現在形の本質は「**基本的に変わらない動作**」でした。だから What do you do? は「**基本的に変わらないこととしてあなたは何をしていますか**」が直訳となり，**相手の職業を尋ねる**表現になるのです。

060 ☑☑ あ〜あ，雨が降りそうだ。 ⊙ I'm で始めて ⊙ 雲行きがすでに怪しい

❶ 未来を表す決まった動詞の形というのは英語にはありません。そこで様々な「借り物」をすることで，微妙な未来の違いを表そうとするのです。たとえば，It **will** rain tomorrow. なら，**will が 100% 推量を表す**ので「明日は**きっと**雨だ」。It **may** rain tomorrow. なら，**may が 50% 推量を表す**ので「明日は雨**かもしれない（がそうでないかもしれない）**」と，五分五分な感じになります。It **is going to** rain. なら，***be* going to が実現に向かって進んでいることを表**

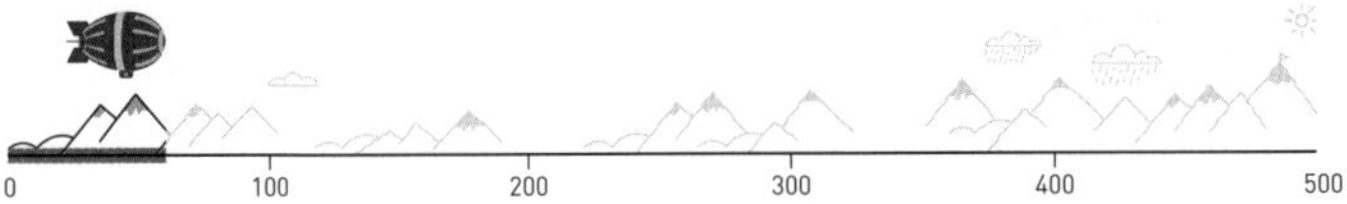

The sun rises in the east.

❸ I love you. がなぜ現在形なのかもこれでわかりますね。「僕の君に対する愛は，よほどのことでもない限りずっと変わらないよ」というのが本質的な意味です。

❹「東から」の「から」は from ではなく in です。これは東という方角を，**広がりを持つ空間**として捉えているためで，「東（の方角）に昇る」と発想すればいいでしょう。

What do you do? — I'm a secretary.

❸「ご職業は？」は，**What is your job[occupation]?** という言い方もありです。返答で「JR で働いています」なら I work for JR. と，「英語の先生をしています」なら I teach English. のように現在形で表します。

I'm afraid it's going to rain.

すので，すでに空模様も怪しくなっていて，今にも雨が降りそうな感じを出せるのです。

❷ I'm afraid …「残念ながら…だと思う」，I hope …「…であってほしいと思う」，I'm sure …「きっと…だと思う」，I suppose …「自信はないけど…だと思う」など，英語では「思う」に関する表現も多様です。

061 ☑☑
私たちは来週，ボストンに発つことになっています。
➔ 準備万端，あとは発つだけ

❶ 現在進行形（*be do*ing）でも未来を表すことがあります。**個人的な予定**について述べる場合です。先の *be* going to を使って，We are going to leave for Boston next week. とも言えますが，現在進行形のほうが，ボストンに発つ準備がより整っている印象を受けます。とはいえ，両者の違いはかなり微妙です。

062 ☑☑
電車は 11 時に出発します。
➔ 電車の時刻を聞かれた駅員が返答

❶ 現在形は**公共性のある未来の予定**を説明するのに用いることがあります。現在形の本質は「基本的に変わらないこと」なので，時刻表に基づく電車の出発予定を述べるときなどにピッタリです。

063 ☑☑
彼はいつも他人のあら探しばかりしている。
➔ 批判的に

❶ この日本文を「基本的に変わらないこと」と考えて現在形でも表現は可能（⇒**058**）ですが，現在進行形に always を組み合わせることで「**いつも～ばかりしている**」という**批判的**なニュアンスを出せます。

064 ☑☑
電話が鳴ったとき，私はあなたのことを考えていたの。
➔ 恋人からの電話

❶ **過去の１点における進行中の動作**は**過去進行形**（was/were *do*ing）で表します。ここでは，電話が鳴ったのが過去の１点で，そのときに「**していた**」ことを過去進行形で表しています。
❷ think of と think about は同じだと認識している人がいるかもしれませんが，実は注意が必要です。**think of** は，**of が対象とダイレクトに結びつく前置詞**

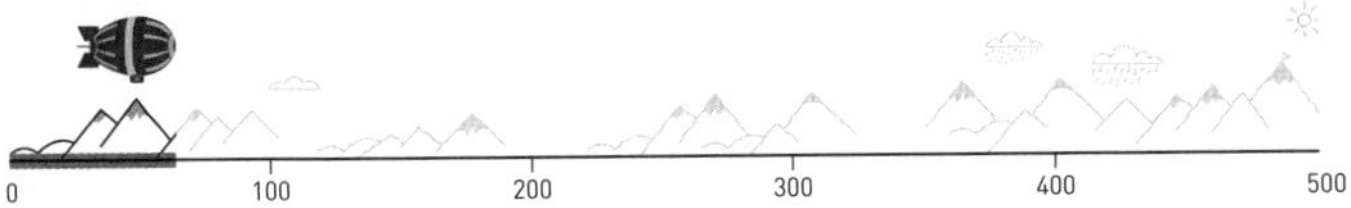

We are leaving for Boston next week.

❷「来週」は next week,「先週」は last week,「今週」は this week, いずれも前置詞は不要です。

The train leaves at eleven o'clock.

❷ **1点の時を表す前置詞は at** です。なお, **o'clock** は of the clock の短縮形で, 00分**ちょうどの時刻にしか使えません**。

He is always finding fault with others.

❷ find fault with A「A のあら探しをする」
❸「他人」を複数で表現したいときは **other people か others** です。

I was thinking of you when the telephone rang.

なので,「**～のことだけを想う**」という訳がふさわしいでしょう。それゆえ, 恋人や家族など親しい人以外に I'm thinking of you. などと言ったら, 相手は気持ち悪く思うかもしれません。一方, **think about** は, **about が持つ漠然としたイメージ**から,「**～について思いを巡らせる**」と理解しておくといいでしょう。友達などに対して使うなら, こちらのほうが無難です。

065 ☑☑ 夫は，今日（だけ）私に優しい。 ⊕only を使わずに

❶ My husband is kind to me. と言えば，**現在形が持つ不変のイメージ**から「夫はいつだって私に優しい」という意味合いになりますが，ここでは現在進行形になっているため，そのような安定感はありません。**be *doing* は動き（変化）を含意する**ため，<*be* being + 形容詞>は，**一時的な状態**を表します。ここでは，いつもは冷たい夫がなぜか今日だけは優しい，という意味を表します。

066 ☑☑ 私はもう宿題を終えた。 ⊕だから遊びに行ける！ ⊕6 語で

❶ I finished my homework. と I have finished my homework. は，和訳するとどちらも「私は宿題を終えた」ですが，両者はどこが違うのでしょうか？前者は過去時制なので，単に過去の出来事を述べただけ，現在とのつながりはありません。しかし，後者は宿題を終えたのは過去だけど，**その出来事が現在と何らかのつながりを持ちます**。宿題を終えたので，「今ホッとしている・今遊びに行ける・今床につける」のように，**現在完了（have/has *done*）の本質は「（過去に）～ので今…」**と押さえておきましょう。完了・結果・経験・継続の 4 用法が，現在完了の本質ではありません。

067 ☑☑ おじさんが死んでから 10 年になる。 ⊕pass を使って

❶ 現在完了の本質は「**～ので今…**」でした。ここでは，おじさんが死んで 10 年が過ぎたので「今悲しみが少し和らぎつつある」のようなニュアンスです。

❷ **since「～以来」の後ろ**は<**S + V の過去形**>や<**過去を表す語句**>がきます。

068 ☑☑ おじさんが死んでから 10 年になる。 ⊕It で始めて

❶ 英語では It's hot.「暑いなあ」，It's noon.「正午だ」，It's a beautiful morning.「すばらしい朝だ」のように，特に何かを指すわけではなく，**体で感じた状況を it's で表す**ことがあります。ここでの It's（= It is）または It's

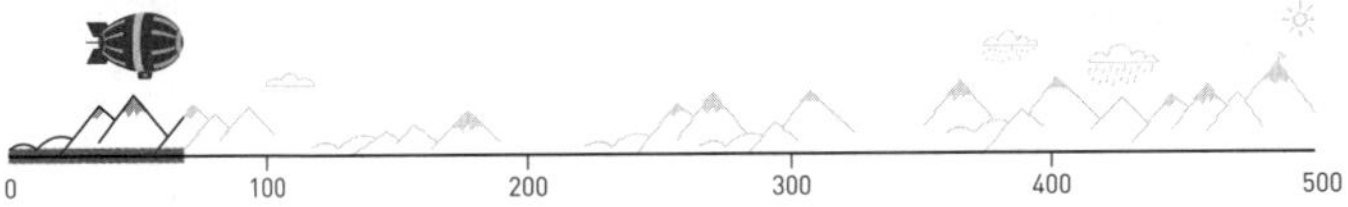

My husband is being kind to me today.

❷ gentle・friendly・tender も「優しい」ですが，gentle は温厚な優しさ，friendly は人懐っこい優しさ，tender は愛情ある優しさ，kind は親切な優しさを含意します。

❸ *be* kind/nice/good to A「A に対して親切だ」

I have already finished my homework.

❷「もう」を表す副詞には yet と already がありますが，Have you eaten lunch yet?「もう昼食は食べた？」のように **yet は疑問文で使います**。なお，yet は**否定文でも用いますが**，そのときは「**まだ～（ない）**」という意味になります。

❸ 一方 already は，冒頭文のような肯定文以外の用法もあります。**疑問文**の文末に already を置いて Have you eaten lunch already?「まさかもう昼食を食べたの ?!」で**意外な気持ち**を，You haven't already read it, have you?「まさかもう読み終えたんじゃないよね」のように，**否定文 + 付加疑問**の形でも同様に**驚き**を表します。

Ten years have passed since my uncle died.

❸ ×It has passed ten years since my uncle died. は，試験によく出る間違いの文です。pass「過ぎる」の主語は it ではなく「時間」でなければいけません。It が主語になるパターンは次の **068** で。

It's (been) ten years since my uncle died.

been（= It has been）も同様で，「10 年かぁ，おじさんが死んでから」といった感覚です。

069 ☑☑

おじさんが死んでから10年になる。 ⊕ dead を使って

❶ My uncle died ten years ago. は，今から10年前の出来事を**動詞 die「死ぬ」**を使って，過去の出来事として述べた文です。

❷ 一方，冒頭文の **dead は「死んでいる」という形容詞**で，He is dead.「彼は死んでいる」のように**状態**を表します。ここでは，おじさんが死んでいる状態（*be* dead）が10年前から現在まで（for ten years）継続していることを現在

070 ☑☑

私たちは子供時代からの知り合いだ。 ⊕ 7語で

❶ know「知り合いである」状態が子供時代から現在まで継続しているということ。

❷ each other は「**お互い**」という**代名詞**，「お互いに」ではありません。たとえば「お互いに見つめあう」は，stare at each other で，×stare each other は NG です。

❸ childhood「子供時代」は通例不可算名詞で冠詞は不要です。なお，our childhood も OK です。

071 ☑☑

イタリアに行ったことがありますか？ ⊕ 6語で

❶ **have been to A「A に行ったことがある」「A に行ってきたところだ」**

❷ **have gone to A「A に行ってしまった」**との違いに注意しましょう。

❸ **ever** は「今までに」と訳されることが多いですが，より正確には **at any time** のことで，**任意の時の1点**を表します。ここでは，生まれてから現在まで，極端な話，「生後1年の赤ちゃんだった時でもいいからイタリアに行ったことがある？」という意味です。他の例では，無謀なことばかりしている人に "Are you ever afraid?" と尋ねれば，「いつの話でもいいんだけど，あなたって怖いと思うことってあるの？」を意味します。

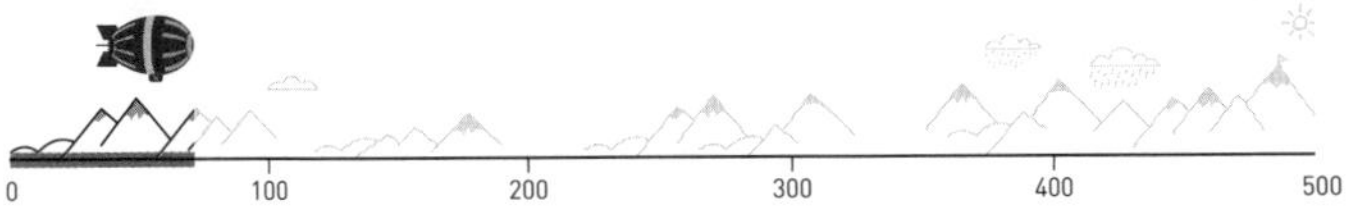

My uncle has been dead for ten years.

完了で表しています。

❸「10 年前からずっと」が，×since ten years ago にならない理由は，ago は現在から過去を見るのに対して，since は過去から現在を見るので，時制的に矛盾してしまうからです。for ten years「10 年間」なら OK です。

We have known each other since childhood.

❹ know は使い方に注意が必要です。たとえば，I **know** Trump. は「トランプ**と知り合いだ**」つまり「トランプと個人的な親交がある」，I **know about** Trump. は「トランプ**に関することを知っている**」つまり「彼が不動産ビジネスを経て大統領になったキャリアなどを知っている」，I **know of** Trump. は「トランプ**という名前を知っている**」つまり「トランプという人がいるのは知っているけれど，それ以外のことはよく知らない」という意味です。

Have you ever been to Italy?

❹ Have you ever visited Italy? もありですが，visit「訪問する」を使うと，やや改まった印象を与えます。

❺ Did you ever go to Italy? のように，<過去形の疑問文 + ever> でも経験を尋ねることができますが，上の「生まれてから現在まで」という含みとは違って**期間限定の経験**を尋ねている印象になります。たとえばフランス留学中の友達に，「イタリアにはもう行ったの？」と質問するときなどに用いられそうです。

072 ☐☐

妹は昨日からずっとテレビを見ている。

❶ 現在完了で継続を表す場合，過去から現在までの**状態継続は have *done*** で表します（⇒**070**）が，**動作継続は have been *do*ing**（現在完了進行形）で表します。

073 ☐☐

私が空港に着いたとき，乗る予定だった飛行機はもう離陸していた。

❶ **過去完了**の本質は「**ある過去よりもっと古い過去**」です。つまり，**ある基準となる過去がなければ，had *done* を使ってはいけない**のです。

❷ この点を無視して，○○用法などの分類にとらわれすぎると，次の英文の間違いがわからないでしょう。×When I was a child, I had been to Hawaii three times.「子供の頃，3 回ハワイに行ったことがある」 この文において，子供だったのとハワイに行ったのは同じ時なので，When I was a child, I <u>went</u> to Hawaii three times. にすべきです。

074 ☐☐

お母さんが部屋に入ってきたとき，私は数学を 2 時間勉強していた。

❶ 過去から現在までの動作継続は have been *do*ing（現在完了進行形）で表しました（⇒**072**）が，「**ある過去から別の過去まで動作が継続していた**」と言いたいときは，**had been *do*ing（過去完了進行形）**で表します。

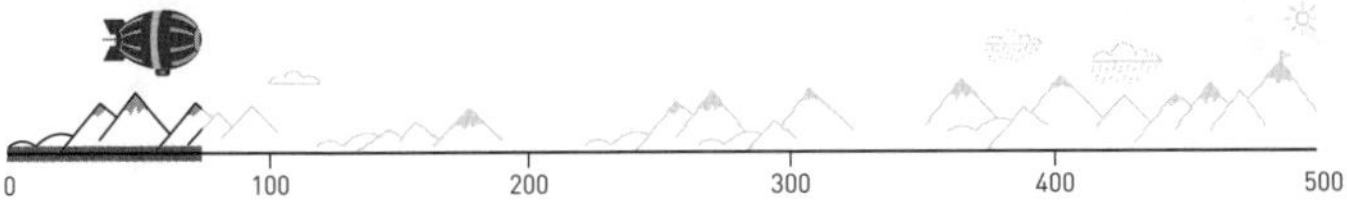

My sister has been watching TV since yesterday.

❷ yesterday「昨日」, last Saturday「先週の土曜日」, three days ago「3 日前に」など，**過去を示す語句は（当然ですが）過去形と共に用います**。ただし，since yesterday「昨日から」や since last Saturday「先週の土曜日から」のように，**since を伴う場合は現在完了形と共に使えます**。

When I arrived at the airport, my plane had already taken off.

❸「私が乗る予定だった飛行機」は my plane で OK です。my は，実際に私に所有権がなくても「予約などをして私が利用できる」を意味することがあるからです。類例として，「私が予約したレストランの席」は my table と言えます。

❹ **arrive at A = get to A = reach A「A に到着する」**

❺ **take off** は「**離陸する**」以外にも，飛行機が飛び立つイメージから「**景気が良くなる**」という意味もあります。

When Mom came in, I had been studying math for two hours.

❷ ここでは,「私が数学を勉強するという動作が,（ある過去の時点から）お母さんが部屋に入ってくるまで 2 時間継続していた」ということ。

❸ come in「入る」は come on in もあり。my room は文脈でわかるので，なくても OK です。

❹ math ＝ mathematics「数学」

075 ☑☑ この映画をもう一度観たら，8回観たことになる。

❶「(未来に) ～してしまっている (だろう)」「(未来に) ～したことになる (だろう)」を英語で表現するには**未来完了 will have *done*** を使う，それだけのことなのであまり難しく考えないでください。ここでは後者に当てはまります。
❷「**映画**」は **a movie または a film**,「映画を観る」の「**観る**」は **see または watch**。

076 ☑☑ 明日雪が降ったら，一日中自宅にとどまるつもりだ。

❶ **未来の時や条件を表す副詞節**，すなわち「**未来にもし～ならば**」「**未来に～したとき**」と言いたいとき，節内の**動詞を現在形または現在完了形**にします。ここでは「もし明日雪が降ったら」が未来の条件を表す副詞節となり，snow「雪が降る」という動詞を現在形で表します。主語 it が 3 人称単数なので，3 単現の -s も動詞の語尾に必要です。

077 ☑☑ 彼が戻ってきたら，この手紙を彼に渡してください。

❶「彼が戻ってきたら」が，**未来の時を表す副詞節**に該当するので動詞を**現在形の comes** にします。
❷ when を if にしても文法的に OK ですが，**when を使うと彼が戻ってくることが前提**で話をしていることになります (⇒**075**)。

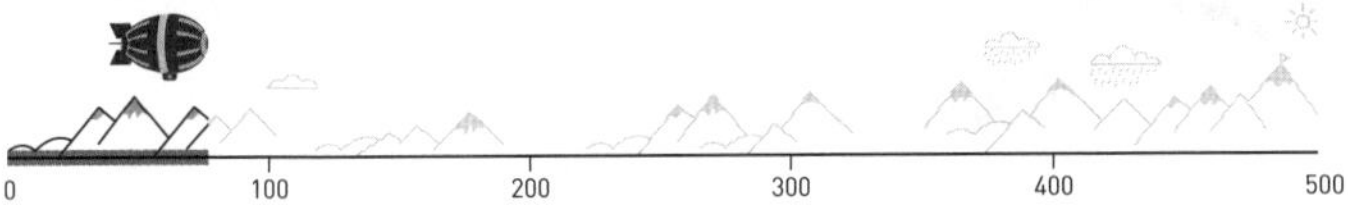

I will have seen this movie eight times if I see it again.

❸ if の代わりに when も可ですが，意味が異なります。どちらも未来の出来事に使うという前提ならば，**if は実現するかどうかわからない**ときに，**when は実現することがわかっている**ときに使います。
❹「**（未来に）もし～ならば**」「**（未来に）～するとき**」と言いたいとき，**節内の動詞を現在形で**表します。

If it snows tomorrow, I'll stay home all day.

❷ なぜ，×If it will snow tomorrow ではダメなのか？ それは明日雪が降るかどうかわからないから if を使っているのに，will は 100% 推量「必ず～する」を表すので，矛盾することになるからです。
❸ rain や snow が**動詞**で用いられる場合，その**主語は必ず it** にします。
❹「**自宅にとどまる**」は **stay home** または **stay at home** です。
❺「**一日中**」は **all day**（**long**）や **throughout the day** など。

Please hand him this letter when he comes back.

❸ なぜ，×when he will come back ではダメなのか？ それは彼が戻ってくることが前提で話をしているのに，そこに will のような推量を入れるのはおかしいからです。
❹「**[人］に［物］を手渡す**」**hand**［**人**］［**物**］= **hand**（**over**）［**物**］**to**［**人**］
❺「彼が戻ってきたら」は when he **is**[**gets**] **back** や when he **returns** もありです。

3 助動詞 __ AUXILIARY VERB

078 ☑☑ 次回は彼に必ず勝つ。

❶ will には多くの意味や用法があります。それは確かに事実なのですが，とりあえずマスターしておきたい意味は**「きっと～だ」「必ず～する」**です（⇒**060**）。
❷ これだけ知っていれば，Oil **will** float on water.「油は必ず水に浮く→油は水に浮くものだ」＜性質＞や，This door **will not** open.「このドアはどうしても開かない」＜拒絶＞，さらには冒頭文が「私は彼に必ず勝つぞ」＜意志＞の

079 ☑☑ 私は，そのコンサートの席を２枚予約できた。

❶ am/is/are able to と can は，ほぼ同じ意味ですが，過去形の was/were able to と could は意味が異なるので注意が必要です。**was able to は「過去に１回限りできた」，could は「過去にそういう能力があった」**となります。ここでは，「予約する能力があった」では意味不明なので could は不可です。

080 ☑☑ 事故というものは起こるものだ。

⊙ can または could のどちらかを使って

❶ can と could は**能力「できる」**だけでなく，**可能性「ありうる」**も表します。**can は「一般的にありうる」，could は「具体的な事例においてありうる」**を表します。can の例が冒頭の文で，「一般的な話として，事故はどんなに注意していても起こる可能性はある」ということ。後者の例をひとつ挙げておくと，It **could** rain this afternoon.「今日の午後，雨が降るかもしれない」で

081 ☑☑ その知らせが本当であるはずはない。

❶ 可能性の否定**「ありえない」**は **cannot/can't** で表します。
❷「その知らせが本当である可能性がないのは具体的な事例だから can ではなく could では？」と思った人，鋭いです！　しかし実は，**疑問文や否定文では具**

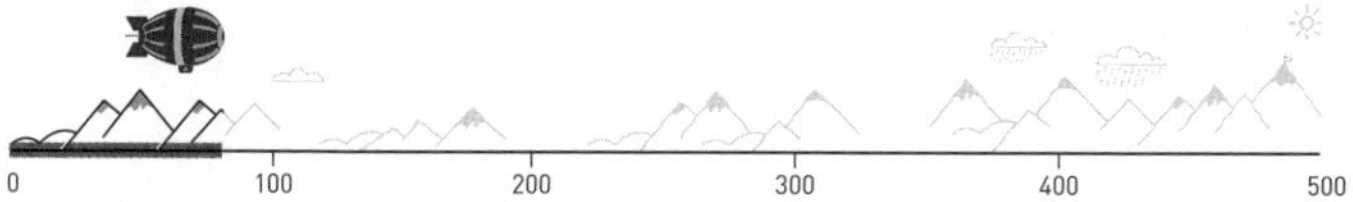

I will beat him next time.

意味になるのもうなずけるでしょう。

❸「**[人] に勝つ**」は，**beat [人] = defeat [人] = win against [人]**

❹「**次回は**」は **next time** だけでもいいですが，**next time for sure** もよく使われます。for sure は「確かに」の意味で，「確実に次回は→次回こそ」ということです。

I was able to reserve two seats for the concert.

❷「～を予約する」reserve または book

❸ 2 つの席（two seats）がそのコンサート（the concert）に向かう（for）イメージ。a book for children「子供向けの本」と同じ for です。

Accidents can happen.

す。これは「今日の午後」という具体的な日時における雨の可能性について言及しています。

❷ Accidents will happen.「事故は必ず起こる」は，推量の確信度が can よりもグンと上がります。

The news cannot be true.

体的な事例でも can を使えるのです。つまり冒頭文は OK だけど，×The news can be true.「その知らせは本当である可能性がある」は肯定文なので NG なわけです。The news could be true. が正解です。

082 ☐☐ 駅までの道を教えていただけますか？ ⊙なるべく丁寧に

❶ Could you ～?/Would you ～? は「～していただけますか」という丁寧な依頼，Can you ～? は「～してくれますか」というカジュアルな依頼を表します。

❷ Will you ～? は，相手の意志の有無を問い，「**～する気はあるのか？**」というニュアンスになるため，丁寧な依頼とは言えません。

❸ tell は二重目的語（SVO_1O_2）をとる動詞で，「**O_1(人)に O_2(事)を告げる**」の

083 ☐☐ 私はダイエットをしなければならない。 ⊙医者の忠告を受けてしぶしぶ

❶「～しなければならない」は must = have to と覚えた人も多いでしょうが，実際はイコールではありません。その違いのひとつは，**must はフォーマルな場面で使う**ことが多く，実は**日常会話ではあまり使わない**という点です。**have to が圧倒的に多い**のが実情です。もうひとつは，**have to は外からの圧力でそうせざるをえない**状況で，**must は個人的にそうすべきと感じる**状況で使うという点です。

084 ☐☐ 彼はすごいお金持ちに違いない。

❶ must が**状態動詞と共に使われる**と，推量「**～に違いない**」を表します。

❷ 話し言葉限定ですが，推量の must の代わりに **have to** や **have got to** を使えます。

085 ☐☐ 君はまだ行ってはいけない。

❶ mustn't（= must not）は**強い禁止「～してはいけない」を表します。それは，not が直後の動詞を否定して「～しない」ことを義務（must）としているからです。**

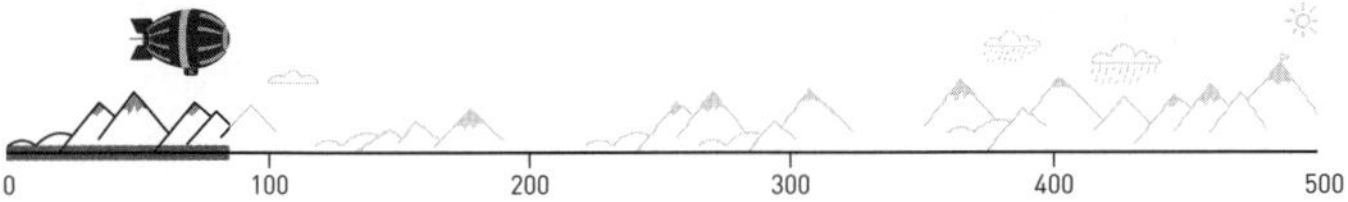

Could you tell me the way to the station?

意味です。

❹ 冒頭文の日本語は「道を教える」となっていますが，teach は使えません。teach は勉強を教えるときにしか使えないからです。

❺ 駅までの道を見知らぬ人に尋ねるとき，「駅」は「最寄りの駅」のことだとお互い**共通認識できる**はずなので，the station がいいでしょう。同様に，「道」も「そこから最短のルート」のことでしょうから the way が普通です。

I have to go on a diet.

❷ ここでは，「あなたの肥満が糖尿病や高血圧などを引き起こしかねない」などと医者から言われて，つまりそのような**外的プレッシャーから**，私がダイエットせざるをえない状況になっているのかもしれません。

❸ have to は，話し言葉で **have got to** や **got to** とも言います。

❹ **go on a diet**「**ダイエットをする**」における **diet** は「**食事療法**」のことです。痩せるために運動するのは diet ではないので注意しましょう。

He must be really rich.

❸「とても」を表す副詞 very と really の違いは，**very が客観的**なのに対して，**really は主観的**であるという点です。それゆえ，自分の気持ちを込めたいなら really のほうが自然です。

You mustn’t go now.

❷ You mustn’t *do* は，否定の命令 Don’t *do* とほぼ同じ意味ですが，前者のほうが禁止の意味がより強いです。

❸ ここでの「**まだ**」は，「今は行っちゃだめ」の意味なので，**now** で **OK** です。

086 ☐☐ 全く急ぐ必要はありません。

❶ 必要性を表す have to に don't をつけて否定にすると，その必要性がなくなるので「**〜する必要はない**」となります。

087 ☐☐ 私は医者に診てもらう必要はありますか？ → need を使って — いいえ，その必要はありません。

❶ **助動詞の need** は「〜する必要がある」という意味で，通例，**否定文・疑問文で用いられます。** ×I need see a doctor. のように，need を must や should のように肯定文で用いることはできません。「私は医者に診てもらう必要がある」は，I need to see a doctor. とします。この need は一般動詞です。

088 ☐☐ 私はクビになるかもしれません。 → 可能性は五分五分

❶ **may は 50% 推量を表す**ので，あえてくどい言い方をすると「**〜かもしれないし，〜でないかもしれない**」です。

❷ might は may の過去形とされていますが，**might だけで過去の意味を表すことはできません。** may よりも might のほうが，より控えめな推量を表すと説

089 ☐☐ トイレをお借りしていいですか？

❶ **May I 〜？**は相手に**「許可」を求める**言い方ですが，やや固い印象を与えるので，**Can/Could I 〜？のほうがよく使われます。** 返答は，Yes, you may [can/could]. または No, you may not [cannot/could not]. です。

❷ 相手に許可を与えるとき，**You may 〜は「〜したまえ」のような上から目線の印象を与える**ので，実際には You can 〜を使うことが多いです。つまり，推量でも許可でも，日本人学習者が考えている以上に **may はあまり使われない助動詞**なのです。

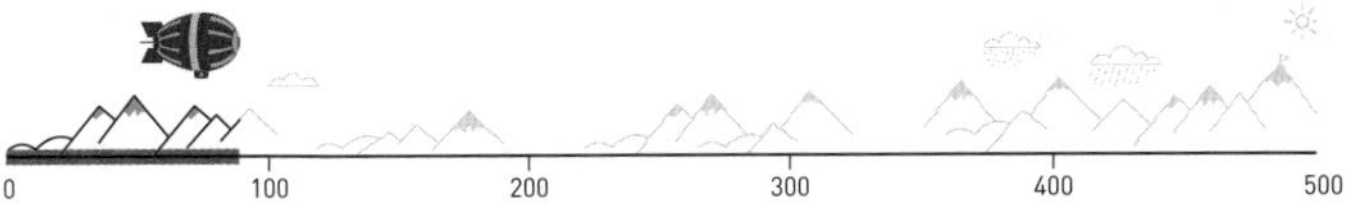

You don't have to hurry at all.

❷ **not ～ at all「全く～ない」**は，否定の副詞 not に意味を強める at all がついたものです。「全て(all)の点で(at)～ない(not)」が直訳です。

Need I see a doctor?
— No, you need not.

❷ 助動詞 need の否定形 **need not** は，先の **don't have to** と同じ意味です。
❸「**医者に診てもらう**」は，その日本語のイメージから受動態を連想する人が多いのですが **see a doctor** で OK です。

I might[may] get fired.

明されることが多いですが，実際には両者に大差はなく，日常会話では **might を使うほうが圧倒的に多い**です。
❸ **get fired「クビになる」**は fire［人］「［人］をクビにする」の受動態で，クビにされる(fired)状態になる(get)が直訳。

May[Can] I use your bathroom?

❸「トイレを借りる」の「借りる」を borrow にしてはいけません。**borrow は移動可能なものに用いる**からです。ここは「利用する」の use がいいでしょう。
❹「トイレ」は，**イギリスでは toilet または loo，アメリカでは bathroom，カナダでは washroom** がよく使われます。なお，**飛行機の中のトイレは lavatory** で統一されているようです。

090 ☑☑ 飲み物を何かお持ちしましょうか？ ⊕I を主語にして

❶ shall は現在，Shall I ～？や Shall we ～？という決まった形でしか目にすることがなくなってしまった助動詞です。

❷ どちらも**相手に提案を申し出る**言い方で，**Shall I ～？**は「**私が～しましょうか？**」，**Shall we ～？**は「**一緒に～しませんか？**」の意です。

❸ ただし近年，Shall I ～？は **Would you like me to ～？**または **Do you want me to ～？**に，Shall we ～？は **Why don't we ～？**や **Let's** ～に取って代わられることが多くなりました。

091 ☑☑ 彼の忠告を受け入れたほうがいい。

❶ You should は「**そうしたほうがあなたのためになるからやるべき**」という助言に使います。一方，You had better は「**そうしないとヤバいことになるよ**」といった，**should より強い助言**になります。

092 ☑☑ 彼女が私たちの計画に反対するのは残念だ。 ⊕It で始めて

❶ It is natural that she should demand an apology.「彼女が謝罪を要求するのは当然だ」における should は「～して当然だ」の意味ですが，このような例がやがて，**It is 形容詞 / 名詞 that S should V.** の形で**話者の感情や判断**を表すようになりました。なので，冒頭文には「私」のような言葉は含まれていませんが，私の残念な気持ちが should から伝わってくるのです。

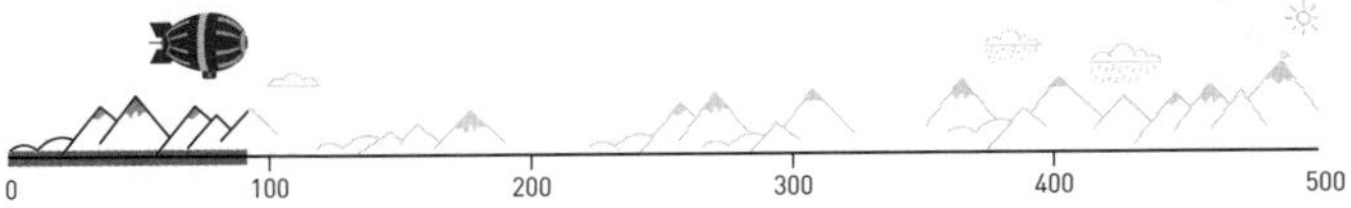

Shall I get you something to drink?

❹ **get O_1 O_2「O_1(人)に O_2(物)を取ってきてあげる」**
❺ something to drink「何か飲む物」は，to drink が直前の代名詞 something を修飾する**形容詞用法の不定詞**で，drink something「何かを飲む」の変形です（⇒**167**）。
❻ 冒頭文は，**Would you like A?「A はいかがですか ?」**を使って，Would you like something to drink? と表現することもできます。

You should[ought to] take his advice.

❷ **ought to** は should 同様，**義務**（～すべきだ）や**推量**（当然～のはずだ）を表します。
❸ **take A's advice「A(人)の忠告を受ける」** take の代わりに **follow** なども可です。

It is a pity that she should object to our plan.

❷ It is の後ろには，**natural「当然の」・strange/odd「不思議な」・a pity/a shame「残念なこと」**などがきます。
❸ **object to A「A に反対する」**
❹ **特に感情を強調しない場合は should を用いず，that she objects …のように直説法で表します。**

093

☑☑ 私たちが毎日交代で夕食を作るべきだと，私は提案した。

❶ **要求や提案を表す動詞や形容詞に続く** that **節中**では**動詞の原形**を用います。イギリス英語では，**あるべき姿**を表す should を使います。

❷ 具体的には，動詞の propose/suggest「提案する」・demand/request/require/ask/insist「要求する」・recommend「勧める」・advise「忠告する」・order「命じる」・decide「決定する」，形容詞の necessary/essential「必要な」・desirable「望ましい」・urgent「緊急の」・important「重要な」などです。

094

☑☑ 彼がその会合に出席することは望ましい。

❶ 先の **093** で述べた，**特定の形容詞に続く** that **節中では動詞の原形を使う**という例です。彼が会合に参加するのが望ましいけど，まだ実現するかどうかわからないため動詞の原形にします。イギリス英語では should を用いるのも **093** と同様です。

095

☑☑ 昔はよく切手を集めたものだ。→今は集めていない

❶「よく～したものだ」という言い方は used to *do* と would *do* があります。**前者は，過去を現在と対比**します。つまり「**昔は～だった（が，今はそうではない）**」という意味です。would は，used to のような対比のニュアンスは含まれず，**単に過去のことを回想するだけ**です。

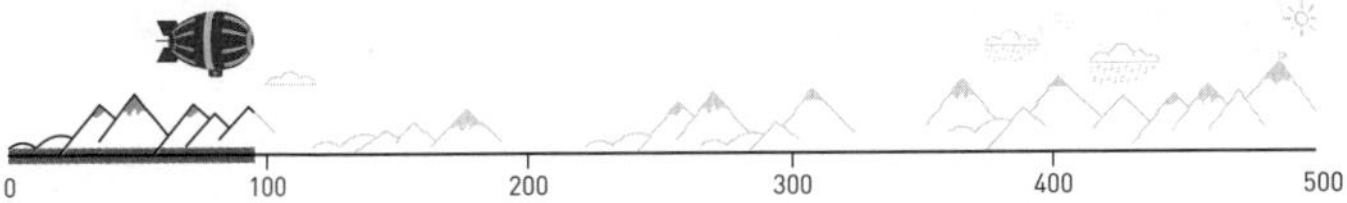

I proposed that we (should) take turns making dinner every day.

❸ なぜ that 節中は動詞の原形なのか？　それは**動詞の原形**の本質が「**まだ実現していない動作**」のこと（⇒**022**）だからです。冒頭文の場合，**提案してもそれが実現するかどうかは定かでない**から動詞の原形を使うのです。

❹「**交代で～する**」take turns *do*ing

❺ **every day は「毎日」**を意味し，副詞として働きます。なお，**everyday 1 語の場合は，「毎日の」「日常の」**を意味し，形容詞の働きをします。［例］my everyday life「私の日常生活」

It is desirable that he (should) attend the meeting.

❷ It is 形容詞 that S should V. は，形が先の **092** と同じになることがありますが，**092** はまだ実現するかどうかわからないことについて述べているわけではないため，別物だと認識してください。

❸「**会合に出席する**」attend a meeting/conference

I used to collect stamps.

❷ もう 1 つ，両者の違いを。**used to は動作だけでなく状態も表しますが，would は動作しか説明できません。**たとえば，You used to be gentle.「あなたは，昔は優しかった（今はそうではない）」は状態を説明しているので OK ですが，これを ×You would be gentle. とは言えません。

096 ☐☐ 昔はよく父と魚釣りに出かけたものだ。 ⊕ 現在は不明

❶ 先の **095** で説明した通り，**would *do*** は**過去のことを回想**して「**～したものだ**」を意味します。**頻度を表す副詞を伴う**ことが多く，**would often *do*「よく～したものだ」**・**would sometimes *do*「時には～したものだ」**・**would always *do*「いつも～したものだ」**と言ったりもします。

097 ☐☐ 彼が約束を守るべきだったのに。 ⊕ 実際には約束を破った

❶ <助動詞 + have *done*>は，**現在から過去を振り返って推量したり後悔したりする**言い方です。

❷ **should have *done*** は「**～すべきだったのに（実際はしなかった）**」という後悔を表します。反対に，「**～する必要がなかったのに（実際はした）**」は **need**

098 ☐☐ ジムは昨晩，遅くまで起きていたに違いない。

❶ **must have *done***「**～したに違いない**」は，**過去の出来事に対し，確信を持って推量**します。反対の意味「**～したはずはない**」は **cannot have *done*** です。

❷ **stay up late**「**夜遅くまで起きている**」は，**sit up late** と同じ意味ですが，前者のほうが使用頻度ははるかに高いです。

099 ☐☐ 傘を持っていく必要はなかったのに。 ⊕ でも持っていった

❶ 先の **097** で説明した通り，**need not have *done*** は「**～する必要はなかったのに（実際はした）**」という意味になります。didn't have to *do* とは異なり，実際にしたことを含意します。

❷ take an umbrella「傘を持っていく」

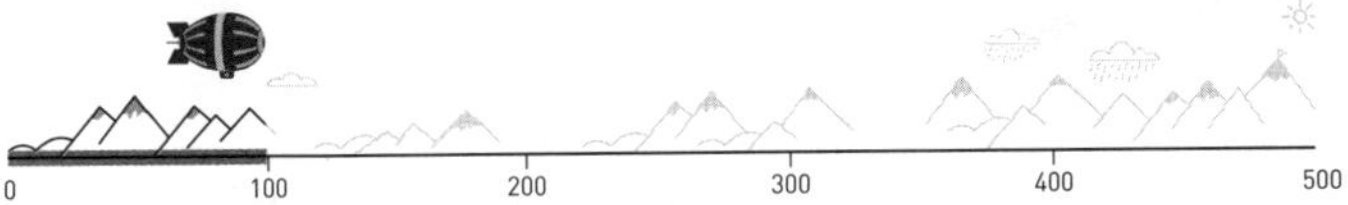

I would often go fishing with my dad.

❷ go fishing で「魚釣りに行く」。他にも go *do*ing の種類には，**go shopping「買い物に行く」・go skiing「スキーに行く」・go swimming「泳ぎに行く」**など多数あります。

❸「父親」は father，dad，daddy などで表しますが，**口語では dad が最もよく使われます。**実は，father はややフォーマルな印象を与えるので，初対面の人に父親を紹介するときに使ったりします。なお，daddy は幼い子供限定です。

He should[ought to] have kept his promise.

not have *done* です。

❸**「約束する」は，make a[*one*'s] promise** や **have *one*'s word** と言います。「約束を守る」は，make や have を **keep** に変えます。

Jim must have stayed up late last night.

❸「夜に」だけなら **at night** ですが，**last が加わると前置詞が消えます。**×at last night とは言いません。

You need not have taken an umbrella with you.

❸ **with[人]は「携帯」**を意味します。たとえば，I have no money with me. は，「私には今，持ち合わせのお金がない（銀行でお金をおろせば別だけど）」という感じですが，I have no money. は「私は一文無しだ（お金を借りなきゃ生活できない）」を含意します。

100 ☑☑ 彼女をひとりにしておかないほうがいい。

❶ had better は should よりも**強い助言**を表しました（⇒**091**）が，**否定形は had better not *do*** です。×had not better *do* にしないように注意しましょう。

101 ☑☑ 彼のおかしな顔を見て，私は笑わないではいられなかった。

➜ help を使って

❶ **help** には「**避ける**」の意味があります。たとえば，よく使われる定型表現 I cannot help it.「自分にはどうしようもない」は，「**自分ではそれを手助けできない→そうなってしまう→避けられない**」となるのです。

❷ **cannot help *do*ing** なら，*do*ing「～すること」を help「避ける」ことが cannot「できない」のだから「**～しないではいられない**」とか「**思わず～してしまう**」という訳が適切です。

102 ☑☑ 君が彼女に腹をたてるのも無理はない。 ➜ may を使って

❶ 許可を表す may に well「十分に」が加わると，「**十分に～してもよい→～するのももっともだ**」となります。

❷ なお，推量を表す may に well が加わると，「**多分～だろう**」となり，**may 単独よりも高い実現可能性**を表します。[例] Yankees **may well** win the championship.「ヤンキースが**多分**優勝する**だろう**」

103 ☑☑ 彼に金を貸すくらいなら，その金を捨てるほうがましだ。

❶ **may[might] as well A as B「B するくらいなら A したほうがましだ」**

❷ may well は「～するのももっともだ」でしたが，これに as ～ as …「…と同じくらい～」が絡むことで，「彼に金を貸す行為」と「その金を捨てる行為」は同じくらいもっともなことだ，となります。やがて，意味の重きが「金を捨てる行為」に置かれるようになり，「彼に金を貸すくらいなら，その金を捨て

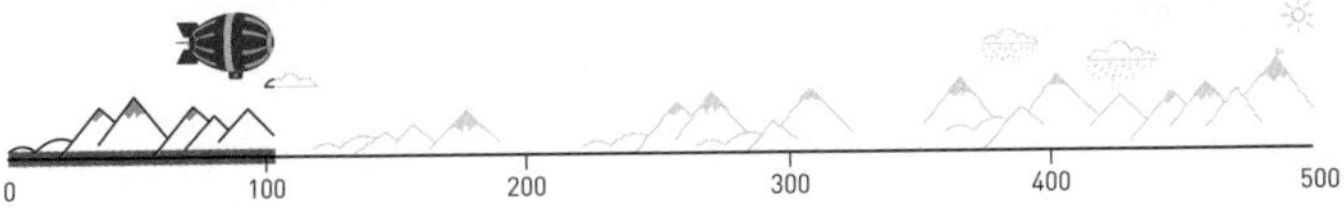

You had better not leave her alone.

❷ **leave の基本義**は「**そのままの状態で立ち去る**」です。ここでは，「彼女をひとりの状態にして立ち去らないほうがいい」ということです。「**放っておいてくれ！**」なら **Leave me alone!** です。

I couldn’t help laughing when I saw his funny face.

❸ 冒頭文は，I couldn’t but laugh …のように，<**cannot but *do***>でも同じ意味になります。ここでの **but** は「**～以外**」で，「笑うこと以外できない」が直訳です。

❹ cannot help *do*ing で「～せざるをえない」という訳をよく見かけますが，その訳は「義務」を連想させるので「～せざるをえない」に当たる英語は have to のほうがふさわしいケースが多いと思います。

You may well get angry with her.

❸ get angry with［人］「［人］に腹をたてる」

❹ ここでの **with** は，「一緒に」いることから，**その対象と「関わる」**ことを表します。get angry with her なら，腹をたてる対象が彼女ということです。彼女と一緒に腹をたてるわけではありません。

You may［might］as well throw the money away as lend it to him.

るほうがましだ」になりました。

❸ as B が省略されることも多いですが，そのときは**比較対象を補って考える**ことが重要です。たとえば，I might as well stay at home.「家にいるほうがましだ」なら，as go out「出かけるくらいだったら」のような省略をイメージしましょう。

104 ☐☐ **よくも私にそんなことが言えるものだな。**

❶ dare という助動詞は「**あえて〜する**」「**図々しくも〜する**」という意味で，肯定文では用いず，**疑問文や否定文で用います。**

105 ☐☐ **友達を選ぶときには，いくら注意してもしすぎることはない。**

❶ **cannot 〜 too …「いくら〜してもしすぎることはない」**
❷ ここでは，注意深くなりすぎる（be too careful）ことがありえない（cannot）ということです。
❸ **in *do*ing** で「**〜するときに**」ですが，when choosing や when you choose などでも OK です。

106 ☐☐ **旅をするなら，飛行機よりむしろ電車がいいです。**

❶ **would rather A than B「B するよりむしろ A したい」** A と B は**いずれも動詞の原形**ですが，ここでは than の直後の travel が繰り返しを避ける目的で省略されています。

107 ☐☐ **ここではスマホを使わないでいただきたいのですが。**

❶ would rather が that 節を後続させることがあります。このとき，**節中は仮定法**になります。たとえば，**I would rather (that) S V の過去形.** で「**私は S が V することを望む**」となります。

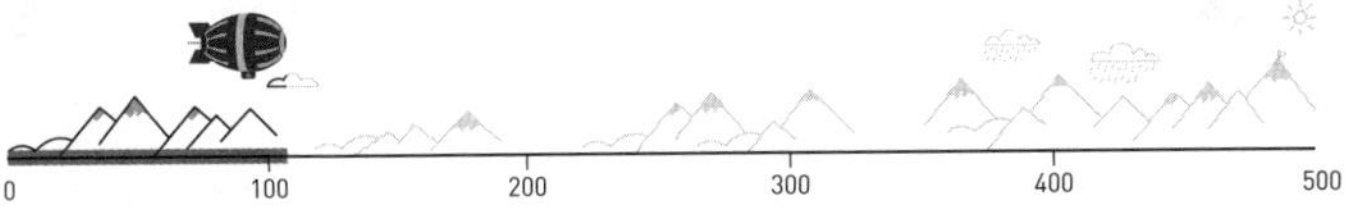

How dare you say such a thing to me!

❷ How dare you *do*? で「**どのようにすれば図々しく～できるのか？→よくも～できるものだ**」という反語疑問になり，**相手の言動にあきれている**場面でよく使います。

❸ say［事］to［人］「［人］に［事］を言う」

You cannot be too careful in choosing a friend.

❹ a friend の代わりに friends にしても構いません。ただし，choosing your friend とは言えません。なぜなら，**まだ存在していないものには所有格は使えない**からです。まだ友達になっていないのに your はつけられないということです。

❺ 一般的な「人」を表す you の代わりに **one** を使っても構いませんが，**やや堅い印象**になります。

I would rather travel by train than by plane.

❷ この構文は，rather A than B「**B よりむしろ A**」に，**will よりも丁寧な主語の意志を表す** would が絡んだものです。

❸ **交通手段**は＜**by + 無冠詞の乗り物**＞で表します。手段こそが大事な情報なので a/an や the をつける意味がそもそもないからです。

I would rather you didn't use a smartphone here.

❷ 冒頭文を少しくどい言い方で訳すと，「あなたがスマホを使わない」ことと「あなたがスマホを使う」ことを比べて，私はむしろ前者を望みますということになるので，Don't use a smartphone here. よりは，はるかに**丁寧なお願い**を表せます。

4 受動態 __ PASSIVE VOICE

108
☐☐ 電話を発明したのはベルだ。⊙受動態で

❶ 原則的に，能動態は「～する」，受動態は「～される」の意味を表します。

❷ 受動態は，「する側」に対する「される側」が主語になり，<*be* + 動詞の過去分詞 (*done*) >が後続します。よって，He walks. のような「される側」がない文は受動態ができません。

❸ 冒頭文は，Bell invented the telephone. が能動態です。英語は**文末に新情報がくる**ので，この文では「ベルが何を発明したのか？」に意味の重きが置かれ

109
☐☐ 英語は世界中で話されている。

❶ この文には<by + 行為者>がありません。それは「世界中の人々によって」なのが文脈で明らかだからです。このように**行為者が文脈から明らかな場合**や，My baggage was stolen on the train. 「私の荷物が電車で盗まれた」の

110
☐☐ その少年はみんなから天才だと考えられている。

❶ 第5文型（SVOC）の文を受動態にすると，O *be done* C by S. の形になります。

❷ ここでは，Everybody considers the boy a genius. 「誰もがその少年を天才だと考えている」が受動態になったものです。

111
☐☐ この花は英語で何と言いますか？

❶ まず，People call this flower sunflower in English. 「人々はこの花を英語でsunflower と呼びます」を受動態にすると，This flower is called sunflower in English. 「この花は英語で sunflower と呼ばれます」になります。さらに，sunflower が不明で what を使ってそれを尋ねたとすると，冒頭文のようにな

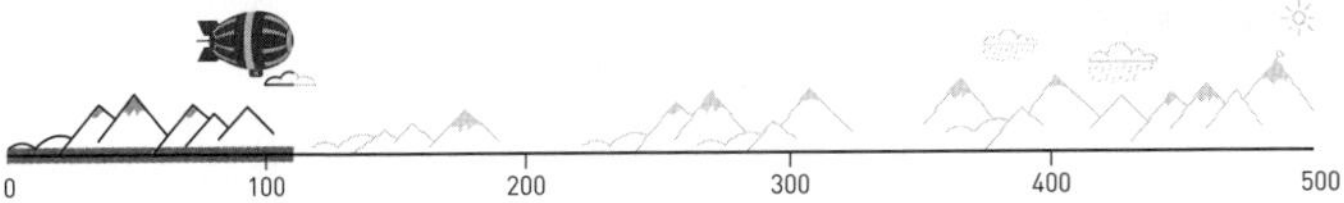

The telephone was invented by Bell.

るため，the telephone が新情報となります。ところが，The telephone was invented by Bell. となると，「電話が誰によって発明されたのか？」に重きが置かれるため，by Bell が新情報として強められることになります。

❹ つまり，**<by + 行為者>が文末に置かれた受動態**は，**ある種の強調構文**と考えることができそうです。よって冒頭文の訳も，「電話はベルによって発明された」よりも「電話を発明したのはベルだ」のほうがしっくりきます。

English is spoken all over the world.

ように**行為者が不明な場合**は<by + 行為者>は不要です。

❷ ここでの all は，over the world「世界中で」を強める副詞です。

The boy is considered a genius by everybody.

❸ by everybody を文末に置くことで，「誰からも」を強調しようとしています。

❹ everybody「みんな」は everyone も可です。

What is this flower called in English?

ります。ちなみに sunflower は「ヒマワリ」のことです。

❷ **in English「英語で」**は，言語の枠の中(in)に英語以外の言語を入れないという意味です。日本語につられて by English としないように。**English は行為者ではない**からです。

112 ☑☑ 鉄道橋がその川の上に建築中だ。

❶ 進行形（*be do*ing）と受動態（*be done*）が組み合わさると，*be* being *done* の形で「**～されている**」になります。

113 ☑☑ その歌は，長い間，全てのアメリカ人に愛されてきた。

❶ 現在完了（have *done*）と受動態（*be done*）が組み合わさると，**have been *done*「～されてきた」「～されてしまった」**となります。
❷ ここでの **all Americans「全てのアメリカ人」**は，some Americans「一部のアメリカ人」の some が all に変化したと考えるとわかりやすいでしょう。

114 ☑☑ 私は外国人から話しかけられた。

❶ 本来，自動詞は「される側（＝目的語）」をとらないため受動態はできないはずですが，**A speak to B.「A が B に話しかける」**のように，修飾語である to B が加わることで「話しかける側」と「話しかけられる側」が生じるため，受

115 ☑☑ その患者の世話をしたのは妻だった。 ⊕take を使って

❶ これも **A take care of B.「A が B の世話をする」**で，<take care of> 3 単語で 1 つの他動詞とみなします。A が「世話する側」で，B が「世話される側」なので，B *be* taken care of by A. という受動態ができます。

116 ☑☑ 私は 1 時間以上待たされた。 ⊕make を使って

❶ **使役動詞を使った文 A make B *do*.「A は B に～させる」**を受動態にすると，**B *be* made to *do* by A.「B は A によって～させられる」**となります。
❷「使役動詞 make O *do* を受動態にすると *do* に to がつく」と認識している人が多いと思われますが，実はもともとあった to が残っているだけです。使役

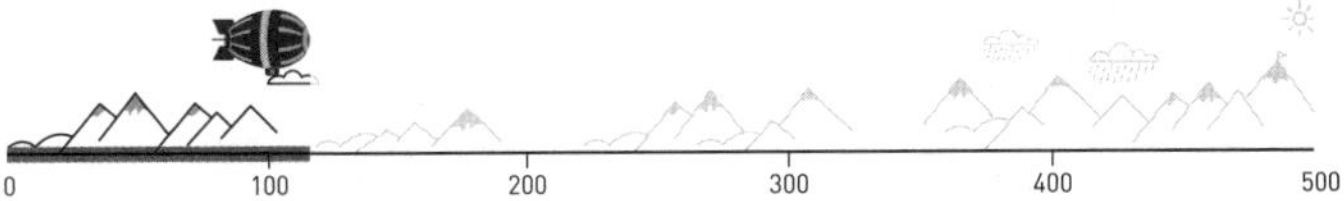

A railway bridge is being built over the river.

❷ over は**弧を描くように飛び越える**イメージの前置詞です。ここでは，川をまたぐように鉄道橋が建設されているということです。

The song has been loved by all Americans for a long time.

❸ all the Americans のように the を入れると，「日本在住のアメリカ人全員」のような特定のアメリカ人集団を意味することになるので，冒頭文では the はつけないほうがいいです。
❹ for a long time「**長い間**」

I was spoken to by a foreigner.

動態ができます。<speak to> **2 単語で 1 つの他動詞**とみなします。
❷ A speak to B. の受動態は，B *be* spoken to by A.「B は A によって話しかけられる」です。

The patient was taken care of by his wife.

❷「**A(人)の世話をする**」take care of A = look after A = care for A
❸ patient は名詞「**患者**」に加えて，形容詞「**忍耐強い**」の意味もあります。「病気という苦しみに耐える人→患者」となったようです。

I was made to wait (for) over an hour.

動詞の make は昔，make O to *do* の形で使われていました。やがて to は消えましたが，受動態の形 *be* made to *do* はそのまま残っているのです。
❸ wait に続く <時間の for> は省略されることが多いです。
❹「**A(数字)を超えて**」over A = more than A

117 ☑☑ 彼は犬の散歩をしているのを目撃された。➔ see を使って

❶ A see B *do*ing「A は B が〜しているのを目撃する」（⇒**044**）を受動態にすると，B *be* seen *do*ing by A.「B が〜しているのが A によって目撃される」となります。これは see 以外の知覚動詞にも当てはまります。

118 ☑☑ その山は雪で覆われている。

❶ 行為者を表すのに by 以外の前置詞を使う場合があります。
❷ *be* covered with A「A で覆われている」ここでは，山(the mountain)に雪(snow)がプラスされている(with)イメージです。

119 ☑☑ 彼女はその知らせを聞いてがっかりした。

❶ The news disappointed her.「その知らせが彼女をがっかりさせた」の受動態です。
❷ *be* disappointed at A「A にがっかりする」ここでは，その知らせを聞いた瞬間の気持ちを，**時の 1 点を示す at** で表現しています。「〜を聞いて」「〜を見

120 ☑☑ 彼らはその交通事故で負傷した。

❶ *be* injured in A「A で負傷する」「事故によって」と考えて by を使ってはいけません。ここでは，事故の中に巻き込まれるイメージで in を使います。

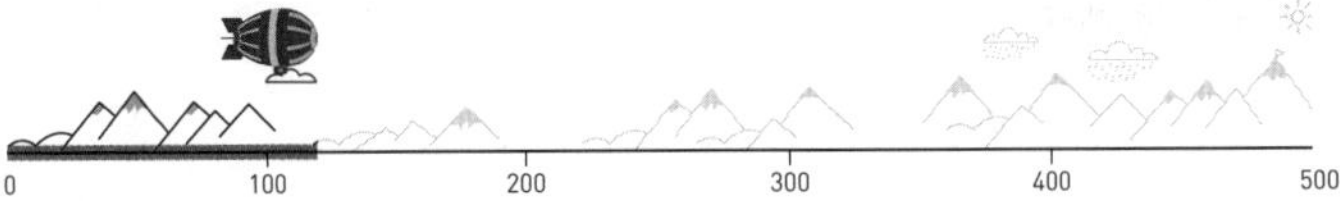

He was seen walking his dog.

❷ 目撃者を一般人称の they にした能動態の文は，They saw him walking his dog. です。

❸ walk は第 1 文型（SV）だと「散歩する」ですが，**第 3 文型（SVO）**で用いられると「**〜を散歩させる**」となります。

The mountain is covered with snow.

❸ 同じタイプの例には，*be* pleased with A「A に喜ぶ」・*be* satisfied with A「A に満足している」・*be* filled[packed] with A「A で混んでいる」などがあります。

She was disappointed at the news.

て」などと訳します。冒頭文は，She was disappointed to hear the news. と同じ意味になります。

❸ 類例は，*be* surprised at A「A に驚く」・*be* excited at A「A に興奮する」・*be* delighted at A「A に喜ぶ」など。

They were injured in the accident.

❷ 類例は，*be* caught in a shower「にわか雨に遭う」・*be* absorbed in A「A に熱中している」・*be* engaged in A「A に従事している」など。

121 メアリーはルイスと結婚した。

❶ 他動詞の marry は「(人) と結婚する」が基本です (⇒**016**)。しかし，to［人］が後続すると **marry O to［人］の形で「O を［人］にとつがせる」「O を［人］と結婚させる」**となります。昔は政略結婚や見合い結婚が多く，この形はよく使われました。たとえば，They married Mary to Louis.「彼らはメアリーをルイスと結婚させた」を受動態にすると，Mary was married to Louis (by them).「メアリーは（彼らによって）ルイスと結婚させられた」

122 彼の名前は若者たちに知られている。

❶ Young people know his name. を受動態にしても，<by + 行為者>にはしません。彼の名前の行き着く先が若者たち，と考えて to を用います。

123 ジェフは貪欲(どんよく)だと言われている。

❶ S V「S が V する」に「**〜と言われている**」という意味を加えるには ***be* said to** を SV の間に挿入し，**S *be* said to V.** の形にします。

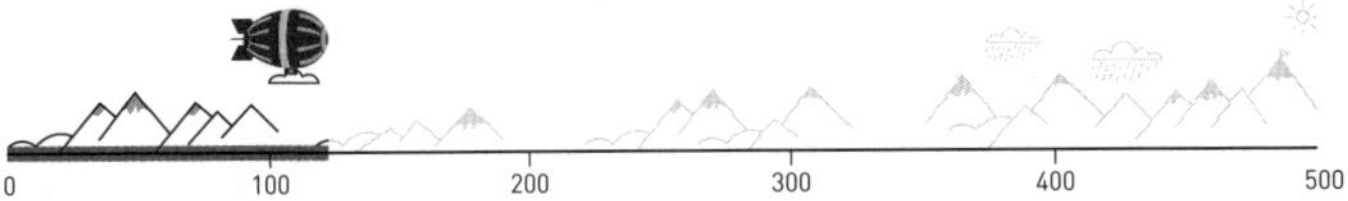

Mary got married to Louis.

となり，結局メアリーがルイスと結婚したことになります。やがてこの過去分詞 married が形容詞化して「結婚している」となりました。

❷ **<be + 形容詞>は「～の状態である」**なので，*be* married は**結婚している状態**を表します。一方，**<get + 形容詞>は「～の状態になる」**なので，get married は「未婚から結婚した状態になる = 結婚する」となります。

His name is known to young people.

❷ ***be* known for A「A で知られている」**・***be* known by A「A によって判断される」**・***be* known as A「A として知られている」**も同時に覚えておきましょう。

Jeff is said to be greedy.

❷ 形式主語の it と真主語 that 節を使って，It is said that Jeff is greedy. に書き換えることもできます。**S is said to V. = It is said that S V.「S が V すると言われている」**が成立します。

❸ said を thought や believed などに置き換えて応用することもできます。

5 仮定法 _ SUBJUNCTIVE MOOD

124 ☑☑ もし僕が鳥ならば，君の元に飛んでいくのだが。

❶ **動詞の過去形の本質**は「**距離感**」で，具体的に次の 3 つがあります。(1)「**現在からの距離**」は過去の出来事を表します。(2)「**現実からの距離**，すなわち**現実離れ**」は仮定法の本質です。(3)「**対人間距離**」は**丁寧**を演出します。

❷ (3)「対人間距離」の具体例は，Can you ～? よりも Could you ～? のほうが丁寧な依頼を表すとか，I wonder よりも I wondered のほうが丁寧な気持ちを伝えるなどです。

❸ この章のテーマである(2)の仮定法に関して，「(今) もし～ならば，(今) …だ

125 ☑☑ もし彼女の住所を知っていたら，彼女に花束を送ったのに。

❶「(過去に) もし～だったら，(過去に) …だっただろう」を If S had *done*, S would have *done*. で表すと，**過去の事実に反する仮定**を表します。これを**仮定法過去完了**と言います。

126 ☑☑ あのとき彼女と結婚していたら，僕は今もっと幸せだろう。

❶「(過去に) もし～だったら，(今) …だろう」If S had *done*, S would *do*. は，条件節が仮定法過去完了，帰結節が仮定法過去という組み合わせになります。

❷「組み合わせの仮定法」で大事な点は，then や now のような時を表す語句を見逃さないことです。

127 ☑☑ 仮に宝くじが当たったら，君ならどうする？

❶ **未来 (または現在) の実現可能性がゼロの (またはそれに近い) 出来事**に関して，「仮に～ならば，…だろう」を If S were to *do*, S would *do*. で表します。ここでは，宝くじに当たるはずはないという前提で話をしているので，この形を取っています。

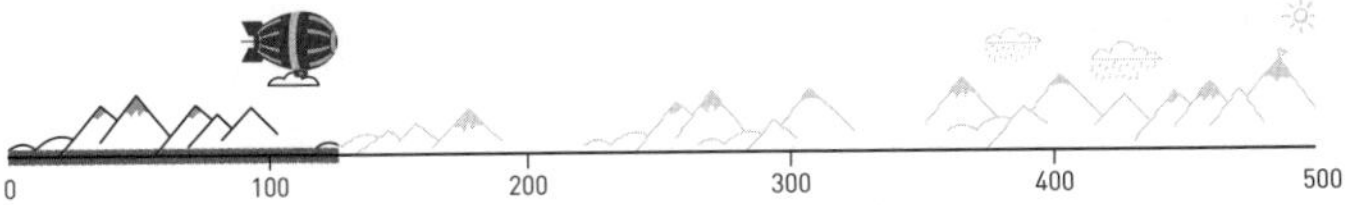

If I were a bird, I would fly to you.

ろう」を If S *did*, S would *do*. で表すと，**現在の事実からかけ離れたこと**を表現できます。これを**仮定法過去**と言います。

❹ 仮定法過去では本来 **was を使うべきところを were にする**ことがあります。そのほうが，より現実離れな感じが出るからです。ただし，was のままでも別に構いません。

❺「(今) もし～ならば」を**条件節**，「(今) …だろう」を**帰結節**と言います。帰結節の助動詞は would だけではなく could，might，should などでも OK です。

If I had known her address, I would have sent her a bunch of flowers.

❷ ここでは「私は彼女の住所を知らなかったので，彼女に花束を送らなかった」という事実に反する仮定をしています。

❸ **send O_1 O_2「O_1(人)に O_2(物)を送る」**

❹「花束」a bunch of flowers または a bouquet

If I had married her then, I would be happier now.

❸ **marry A「A(人)と結婚する」**（⇒**016**）

❹ **then = at that time「あのとき」**

❺ happy の比較級 happier を使うのは，結婚しなかった場合とした場合とを比べているからです。

What would you do if you were to win the lottery?

❷ ここでの **were to** は，いわゆる **<be to 不定詞>の過去形**です（⇒**184**）。

❸ 条件節と帰結節の位置関係は，どちらが先でも構いません。冒頭文は，If you were to win the lottery, what would you do? でも OK です。ただし条件節が先に来る場合は，カンマが必要です。

128 ☑☑ **万一火災が発生したら，私の指示に従いなさい。**

❶ **未来（または現在）の実現可能性が極めて低い出来事**に関して，**「万一～ならば，…だろう」**を **If S should *do*, S would[will] *do* / 命令文 .** で表します。
❷ **should** は**「そうなるはず（だけど，まだ起こっていない）」**の意。ここでも，「火災というものは起こるはずのものだが，まだ起こっていない」という現実の反対を **should「万一」**で表します。

129 ☑☑ **最善を尽くせば，君はきっと試験に受かるよ。**

❶ **現実離れを表すのに過去形を使う**ことは，すでに説明しました。ところが，この文には過去形が見当たりません。実はこの文，**仮定法とは呼びません。**なぜなら「最善を尽くさなければ受からないだろうけど，最善を尽くせばきっと受かるよ」というのがこの文の本質だからです。つまり，**実現可能性が 50% と**

130 ☑☑ **僕が鳥ならばいいのに。**

❶ **I wish + 仮定法.** で，**現実離れの願望**を表します。I wish に**仮定法過去（S *did*）**が続くと**「(今) ～ならばいいのに」**，**仮定法過去完了（S had *done*）**が続くと**「(過去に) ～だったらよかったのに」**となります。

131 ☑☑ **彼はまるで専門家のように話す。**

❶ **as if S *did*「まるで～のように」，as if S had *done*「まるで～だったように」**
❷ as if 以下の内容が，現実離れではなく，**「おそらく事実だろう」と話者が考えている場合**は，**そのままの時制で表す**こともあります。［例］She looks **as if** she is sleepy.「彼女は眠そうに見える」

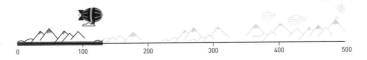

If a fire should break out, follow my instructions.

❸ ポイントは，帰結節が 3 パターンあること。would と will のどちらでもいい理由は，**128** の実現可能性が，先の **127** の 0% よりは高いけど，次の **129** の 50% よりは低いことから，どちらの助動詞も使えるのです。

❹ **「万一」という言葉と命令文「～しなさい」は，**「万一道に迷ったら，すぐに連絡しなさい」のように日本語でも**相性がいい**ですが，英語も同様です。

❺ **「発生する」** break out = happen = occur

If you do your best, you will pass the exam.

比較的高い場合，If S 動詞の現在形, S will *do*. の形を用います（⇒**128**）。

❷ do *one*'s best **「最善を尽くす」**

❸ **「試験」** は examination や test でも OK です。

I wish I were a bird.

❷ I wish I had known her address. なら **「彼女の住所を知っていればよかったのに」** です。

He speaks as if he were an expert.

❸ 冒頭文は，**前置詞の** like **「～のように」**を使って，He speaks like an expert. とするのも OK です。

132 ☐☐ 水がなかったら，私たちは生きられないだろう。 ➔ If で始めて

❶ 仮定法の慣用表現として，**if it were not for A「もし（今）A がなかったら」**があります。

133 ☐☐ 君の忠告がなかったら，私は成功できなかっただろう。 ➔ If で始めて

❶ **if it had not been for A「もし（過去に）A がなかったら」**

134 ☐☐ 君がいなければ，僕の人生は意味がないだろう。 ➔ But で始めて

❶ **but for A「もし（今・過去に）A がなかったら」**は，条件節の代わりに使えます。

❷ but for A を **without A** にすることもできます。

135 ☐☐ 僕が君の立場ならば，その計画を実行していただろう。 ➔ Had で始めて

❶ 条件節を導く **if を省略する**ことがあり，その時には**倒置が起こります**。倒置とは，**クエスチョンマークの付いていない疑問文の形**と考えてください。

❷ 冒頭文は，If I had been in your place, の if が省略された形です。

❸ このような現象が起こるのは，**主語に後続するのが were か助動詞（had と should）**のときだけです。たとえば，If I were a bird, を Were I a bird, にす

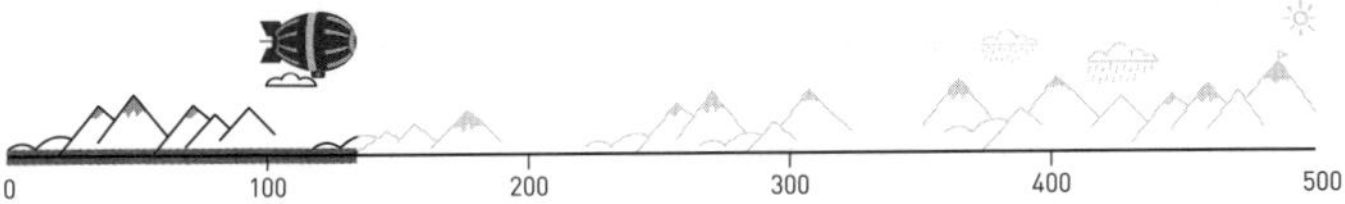

If it were not for water, we could not live.

❷ この it は漠然とした状況を表します。「もし(if)状況が(it)水(water)のない(not)ほうに向かったら(for)」が直訳です。

If it had not been for your advice, I could not have succeeded.

❷ advice「忠告」は不可算名詞なので×your advices とは言いません。

But for you, my life would be meaningless.

❸ meaning「意味」+ -less「～がない」= meaningless「意味のない」

Had I been in your place, I would have carried out the plan.

るのは構いませんが，If I knew the answer, を Did I know the answer, にすることはできません。

❹ *be* in A's place「A(人)の立場である」

❺ carry out A「A を実行する」

136 ☑☑

10年前なら，その川を泳いで渡ることができただろう。

⊕ Ten で始めて

❶ if 節以外で条件を表現することがあります。ここでは，ten years ago「もし10年前ならば」という**副詞句が条件節の代わり**をしています。

137 ☑☑

もう少し注意していれば，君はその事故を避けられたのに。

⊕ care を使って

❶ これも with a little more care という**副詞句が条件節の代わり**になっています。

❷ **without A「もしAがなかったら」**と **with A「もしAがあったら」**はセットで覚えておきましょう。

138 ☑☑

本当の友達なら，そんな振る舞いはしないだろう。

⊕ A true friend で始めて

❶ **主語が条件を表す**こともあります。A true friend を「もし本当の友達なら」と解釈できます。

139 ☑☑

彼が英語を話すのを聞けば，君は彼をアメリカ人だと思うだろう。 ⊕ To で始めて

❶ to 不定詞が**条件「もし〜するならば」**を表すことがあります。

❷ 冒頭文は If you heard him speak English, …に書き換え可です。

❸ これに似た形，たとえば To play basketball, I went to the park.「バスケットボールをするために，私は公園に行った」は**目的「〜するために」**を表しま

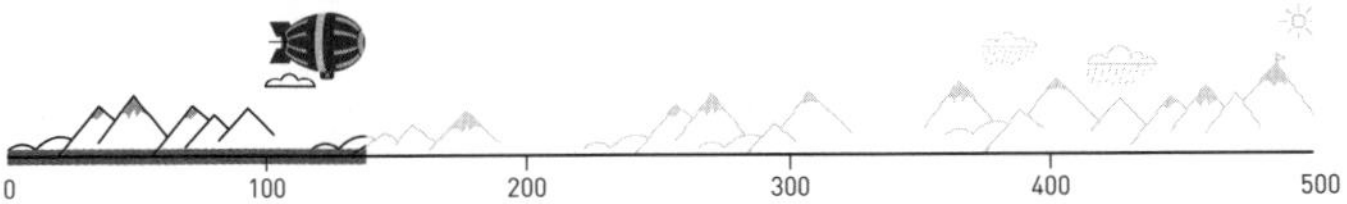

Ten years ago, I could have swum across the river.

❷ across は**何かを横切る**イメージです。ここでは，「川を横切る形で泳ぐ→川を泳いで渡る」となります。

With a little more care, you could have avoided the accident.

❸ a little more care「もう少しの気遣い」
❹ ここでの副詞句は，If you had been a little more careful に書き換えられます。

A true friend would not behave like that.

❷ 冒頭文は If he[she] were a true friend, he[she] would not behave like that. に書き換えられます。
❸ like that「そのように」ここでの like は前置詞で「〜のように」の意。

To hear him speak English, you would take him for an American.

す。識別法は，**主文に助動詞の過去形（would など）が使われているか否か**です。
❹ 知覚動詞 hear O *do*「O が〜するのを耳にする」（⇒**044**）
❺ take A for B「(間違えて）A を B と思う」

140 ☐☐

その少年は本当のことを言った。そうでなかったら叱られていただろう。

❶ 副詞 **otherwise「もしそうでなかったら」**が条件を表すことがあります。**前文の事実と反対の内容を仮定**します。
❷ ここでは，if he had not told the truth, を otherwise 1語にしています。

141 ☐☐

お腹が空きすぎて，馬1頭食べられそうだ。

→ so ～ that …を使って

❶ **「もしその気になれば」**といった条件が文脈で省略されることがあります。
❷ ここでは，「その気になれば馬1頭でも食べられるだろう（それほどお腹が空いている）」という慣用表現です。

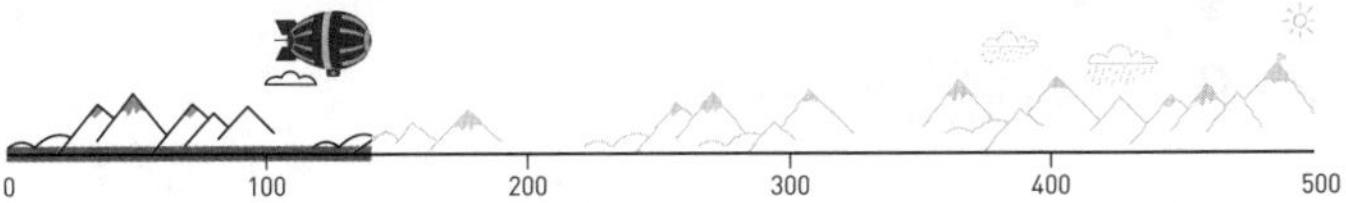

The boy told the truth; otherwise he would have been scolded.

❸「本当のことを言う」tell the truth ⇔「嘘を言う」tell a lie 真実はいつも１つなので the を，嘘は数限りなくある中から１つつくものなので a にします。
❹ scold［人］for［理由］「［人］を［理由］で叱る」

I'm so hungry that I could eat a horse.

❸ so 形容詞 that S V「とても形容詞なので S V」「S V なほど形容詞」

6 動名詞 _ GERUND

Track 06

142 ☐☐ ここは禁煙です。 ⊕ allow を使って

❶ to 不定詞は「**これから〜する**」という**未来志向**の表現であったのに対し，**動名詞**は「**過去に〜したこと**」か「**一般的に〜すること**」すなわち**概念**を表しました（⇒**042**）。ここでの smoking「喫煙」は概念を表す動名詞が完全に名詞

143 ☐☐ 私はその本をもう読み終えました。 ⊕ read を使って

❶ 動名詞は文中で**名詞と同じ働き**をします。言い換えると，**主語・目的語・補語になる**，ということです。ここでは reading「読書」が他動詞 finish の目的語になっています。

144 ☐☐ 私の上司は，私がその勘定を支払うことにこだわった。

⊕ 動名詞を使って

❶ **前置詞の後ろには名詞または動名詞**が置かれます。

❷ My boss insisted on paying the bill.「私の上司はその勘定を払うことにこだわった」という文で，「支払う」のは自動的に「上司」です。では，「支払う」のがもし「私」だったらどうなるでしょう。冒頭文のように，**動名詞** paying

145 ☐☐ 多くの親は自分の子供がバイクに乗るのを嫌がる。

⊕ dislike と riding を使って

❶ **dislike *do*ing「〜することを嫌がる」** dislike to *do* はあまり用いられません。

❷ 動名詞の意味上の主語が代名詞の場合は所有格か目的格を動名詞の直前に置きましたが，**名詞の場合はそのままの形か所有格を動名詞の直前に置きます**。ここでは their children か their children's を riding の前に置きます。

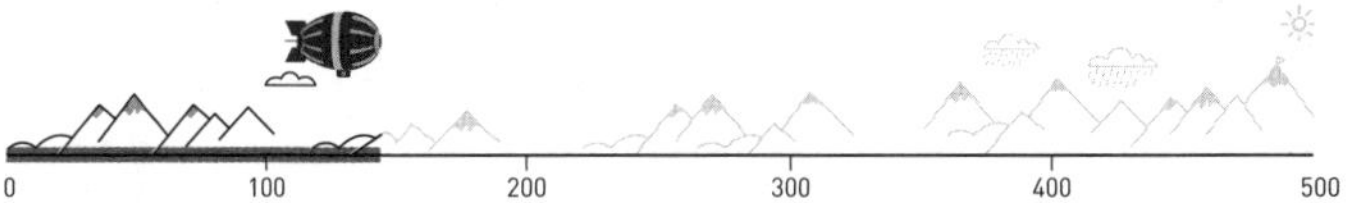

Smoking is not allowed here.

化した例です。

❷「喫煙を許す」allow smoking が受動態になった形です。

I've already finished reading the book.

❷ ×finish to read が不自然な理由は「これから読書をすることを終える」となるからです（⇒**042**）。

❸「もう～しました」は，現在完了を使って have already *done* がいいでしょう（⇒**066**）。

My boss insisted on me[my] paying the bill.

の直前に「私」**の所有格**（my）**または目的格**（me）を置けば OK です。これを**動名詞の意味上の主語**といいます。

❸「**勘定書**」のことを，**アメリカ英語では** check，**イギリス英語では** bill といいます。

Many parents dislike their children('s) riding a motorbike.

❸「**バイク**」は **motorbike** または **motorcycle** と言います。ちなみに bike は，文字通り「バイク」を表すこともありますが，「自転車（= bicycle）」の省略形としてもよく使われます。

146 ☑☑ リックは子供のように扱われることが不服だ。

⊙ object を使って

❶ 動名詞には受動態があり，being *done* の形で「〜**されること**」を表します。
❷ 動名詞の内容を否定するには，**動名詞の直前に not を置きます。**
❸ もし「〜**されないこと**」を表すなら，**not being *done*** の形にします。×being not *done* は NG です。

147 ☑☑ その少年は，その漫画本を盗んだことを認めた。

❶ 完了形の動名詞 **having *done*** は，**先に起こった出来事**を表します。ここでは，admitted「認めた」よりも前に having stolen「盗んだ」ことを明示する意味になります。ただし，動名詞にはもともと「〜したこと」の意味があるので，admitted stealing 〜も OK です。

148 ☑☑ 私は熱心に地理を勉強しなかったことを後悔している。

❶ 動名詞の否定は，**not や never を動名詞の直前に**置きます。完了形の動名詞 having *done* の否定形も，**not having *done*** にします。×having not *done* ではありません。
❷ 冒頭文は **regret having *done*** の形で「**〜したことを後悔する**」ですが，ここでも，regret not studying も OK です。

149 ☑☑ 健康が富に勝るのは言うまでもない。⊙ It で始めて

❶ 動名詞を含む慣用表現の一つ。**It goes without saying that 節「…は言うまでもない」**

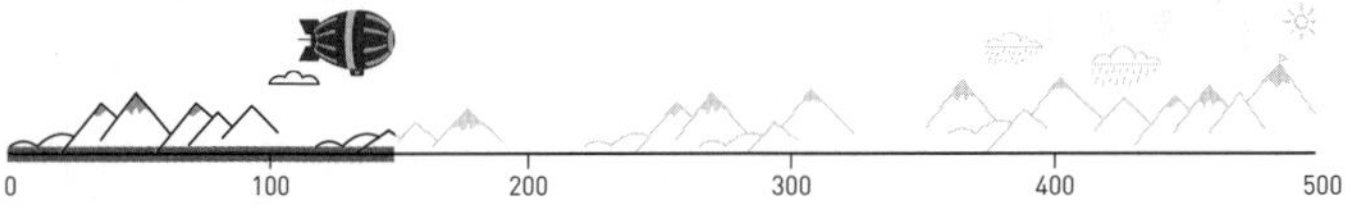

Rick objects to being treated like a child.

❹ **object to A「A に異を唱える」**の to は前置詞なので **A は名詞か動名詞**です。×object to *do* にしないように。

The boy admitted having stolen the comic book.

❷「認める」と訳せる動詞はいくつかあります。**admit は「罪や間違いなどをしぶしぶ認める」, acknowledge「事実や重要性を認める」, recognize は「過去の経験から認識できる」**といった違いがあります。
❸「**漫画本**」は **a comic book** または **a comic** です。

I regret not having studied geography hard.

❸ regret が to 不定詞を後続させると **We regret to inform you …の形で「残念ながら…をお知らせします」**の意味になります。「これから知らせる」のだから to 不定詞で表すわけです。
❹「**熱心に**」は副詞の hard 以外にも **eagerly** や **earnestly** なども可です。

It goes without saying that health is above wealth.

❷ 前置詞 **above** は「**基準となる～より上に**」の意味で，Health is above wealth. の場合，「wealth を基準とすると，health はそれよりも上位になる」ということ。
❸ Health is above wealth. はことわざで，語尾の health と wealth で韻を踏んでいます。

150 ☑☑ 京都は訪問する価値があります。 ⊛Kyoto で始めて

❶ *be* worth + 名詞または動名詞（*do*ing）「名詞または動名詞の価値がある」
❷ 京都は「訪問される」のだから being visited ではないかと思った人！　動名詞は概念を表しましたね。したがって **visiting なら「訪問」**，すなわち「京都は訪問の価値がある」と考えます。

151 ☑☑ この車は修理が必要だ。 ⊛4 語で

❶ need は目的語に to 不定詞を取るか，動名詞を取るかで以下のような違いが生まれます。
S need to V.「S が V する必要がある」S と V は能動関係
S need Ving.「S が V される必要がある」S と V は受動関係
❷ to 不定詞の本質は「これから～する」でした（⇒**042**）。to repair なら「これから～を修理する」といった具合です。一方，動名詞 repairing は「過去に修

152 ☑☑ 将来何が起こるのかはわからない。 ⊛There で始めて

❶ There is no *do*ing.「～することはできない」
❷ It is impossible to tell what will happen in the future. に書き換え可。

153 ☑☑ 覆水盆に返らず。 ⊛「こぼれたミルクのことで嘆いても役に立たない」

❶ It is no use *do*ing.「～しても無駄だ」
❷ use は「役に立つこと」という抽象名詞。it が形式主語で，crying 以降が真主語。
❸ over「～をめぐって→～のことで」

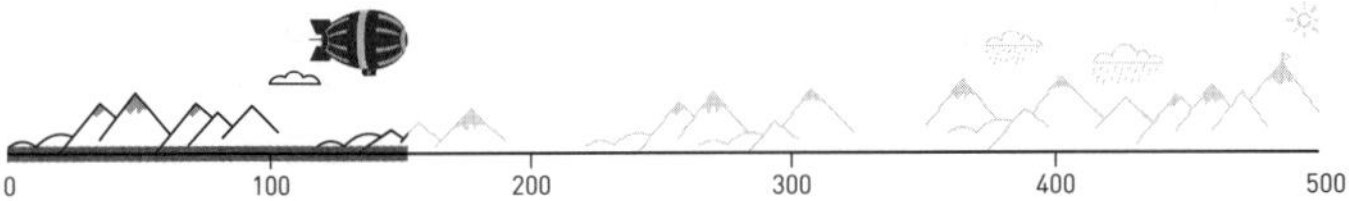

Kyoto is worth visiting.

❸ 冒頭文は，**It is worthwhile to visit Kyoto.** や **It is worthwhile visiting Kyoto.** に書き換えられます。どちらも It が形式主語で，前者は to visit Kyoto が真主語，後者は visiting Kyoto「京都を訪問すること」が真主語です。worthwhile という形容詞は，worth「価値がある」＋ while「しばらくの時間」→「しばらく時間を割く価値がある」が直訳です。

This car needs repairing.

理したこと」か「修理」という概念を表しました。ここでは，「この車は修理を必要としている」という意味になります。

❸ 仮に，×This car needs to repair. だと「この車はこれから〜を修理することを必要としている」となり，車が何かを修理することになってしまいます。

❹ 冒頭文は，**This car needs to be repaired.** に書き換えることができます。

There is no telling what will happen in the future.

❸ in the future「将来に」⇔ in the past「過去に」

It is no use crying over spilt milk.

❹ spill「**〜をこぼす**」の活用は，**spill-spilt-spilt** で，ここでは過去分詞の spilt が milk という名詞を修飾して「(誰かに)こぼされたミルク」の意。

❺ **There is no point[sense] in crying** over spilt milk. も同意です。

154 ☑☑

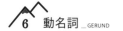

この夏あなたにお会いできることを心待ちにしています。

→ look を使って

❶ look forward to *do*ing「～することを楽しみにする」
❷ この to は前置詞なので，×look forward to see としないこと。

155 ☑☑

大勢の聴衆の前で演説をするのには慣れている。

→ used を使って

❶ *be* used to *do*ing「～することに慣れている」
❷ ここでの used は形容詞，to は前置詞です。get used to *do*ing だと「～することに慣れる」です。
❸ *be* used to make a speech だと「演説をするために利用される」になります。

156 ☑☑

私は早寝早起きが苦手だ。→ difficulty を使って

❶ have difficulty (in) *do*ing「～するのに苦労する」ちなみに，have no difficulty (in) *do*ing なら「難なく～する」です。
❷ difficulty を trouble や a hard time などに置き換えても OK です。

157 ☑☑

彼女は建築を学びにイタリアへ行った。→ view を使って

❶ with a view to *do*ing「～すること (*do*ing) に対する (to) 意図 (view) を持って (with) →～するつもりで」が直訳です。

158 ☑☑

料理にかけては，ナオミは誰にも負けない。

❶ when it comes to *do*ing「～することとなると」
❷ ここでの to は前置詞なので，×when it comes to cook としないように。

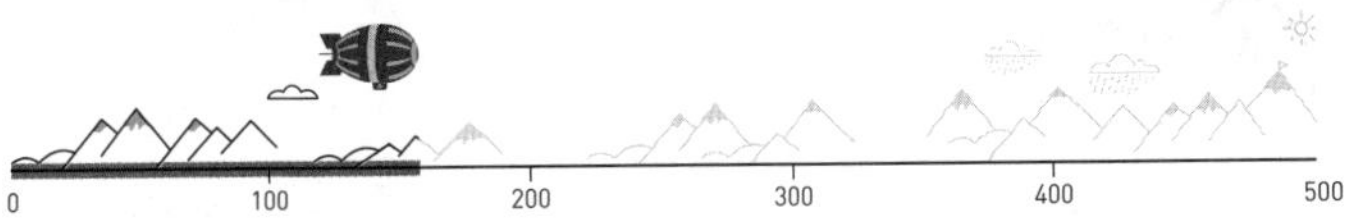

I'm looking forward to seeing you this summer.

❸ **this, last, next がつくと時の前置詞は消えます。**in (the) summer + this = this summer, on Sunday + last = last Sunday, in the year + next = next year など。

I'm used to making a speech before a large audience.

気をつけましょう。
❹ **make a speech** は，単に **speak** だけでも「**演説をする**」です。
❺「**～の前で**」は **before** でも **in front of** でも構いません。
❻ **audience**「**聴衆**」は，「**多数の**」や「**少数の**」を **large** や **small** で形容します。

I have difficulty (in) keeping early hours.

❸「**早寝する**」は **go to bed early**，「**早起きする**」は **get up early**，2 つをまとめて「**早寝早起きをする**」が **keep early hours** です。

She went to Italy with a view to studying architecture.

❷ ここでの to は**前置詞**なので，×with a view to study としないように。
❸ architecture「建築（学）」は不可算名詞です。

When it comes to cooking, Naomi is second to none.

❸ ***be* second to none** は，second ≒ next なので「隣に並ぶ者が誰もいない→**誰にも負けない**」となります。

159 ☐☐ 私は旅行の準備で忙しかった。

❶ *be* busy (in) *do*ing「～するのに忙しい」*do*ing の前の in は通例省略します。
❷ *be* busy with A「A で忙しい」という言い方もありますが，これは「**A 以外のことをやる時間がない**」，一方 *be* busy *do*ing は「***do*ing に多くの時間を割いている**」というニュアンスになります。
[例] I was busy with my homework.「宿題でてんてこ舞いだった」
❸ trip は「**短めの旅行**」を意味する**名詞**で go on a trip to Hokkaido「北海道に旅行に行く」や a business trip「出張」のように使います。**travel**「旅行する」は基本的に**動詞**として使います。**journey** は「**長い旅**」のことで，旅から

160 ☐☐ 彼女はその半生を，ボランティア活動をして過ごした。

❶ spend［時間］(in) *do*ing「～して［時間］を過ごす」 in は通例省略します。
❷「人生の半分」half of *one's* life

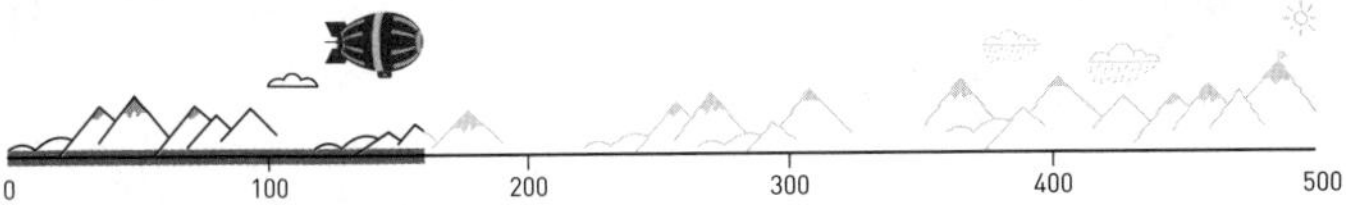

I was busy preparing for my trip.

得る成長や進歩などプロセスが重視されます。**tour** は「**周遊旅行・ツアー**」のことで，a guided tour of the museum「ガイド付きの美術館見学」のように使います。

❹ prepare A と prepare for A は異なります。for がつくと目的に向かって**前準備**をするニュアンスになります。たとえば，prepare for dinner と言えば「夕食に備えて食材などを買い出しに行く」，prepare dinner なら「実際に夕食の料理を作る」感じです。冒頭文では，旅行の前準備，たとえばビザを申請するとか，スーツケースを買うとか，そんなイメージです。

She spent half of her life doing volunteer work.

❸「ボランティア活動をする」do volunteer work または work as a volunteer

7 不定詞 _ INFINITIVE

161 ☐☐ 百聞は一見にしかず。➔「見ることは信じること」

❶ 不定詞（to *do*）は，文中で**名詞・形容詞・副詞**として働きます。
❷ ここでは，to see「目にすること」が主語に，to believe「信じること」が補語になっています。どちらも名詞用法の不定詞です。

162 ☐☐ 彼女が通れるように，彼は脇に寄った。

❶ 不定詞の意味上の主語が，主文の主語と異なる場合は，for A を to 不定詞の前に置いて明示します。言い換えると，**<for A to *do*>**には「**A が〜する**」という主語と述語の関係が潜んでいるのです。

163 ☐☐ 風邪をひかないように気をつけなさい。

❶ 不定詞の内容を否定したいときは，**to *do* の直前に not を置きます。**
❷ 副詞用法の目的「〜するために」を否定すると not to *do* で「**〜しないように**」となりますが，これは be careful や take care に後続する形でのみ用いら

164 ☐☐ 君が彼とうまくやっていくことは難しい。➔ It で始めて

❶ 名詞用法の不定詞「〜すること」が主語になるとき，**形式主語の it を文頭に置いて，to 不定詞を後置する**ことがあります。To get along with him is difficult.「彼とうまくやっていくことは難しい」なら，It is difficult to get along with him. にできます。

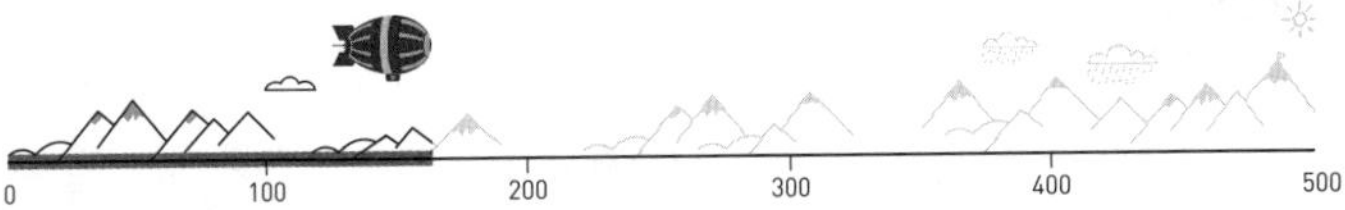

To see is to believe.

❸ Seeing is believing. のように動名詞を使うことも可能ですが，動名詞は**時制的にニュートラル**なので，**普遍的な話をしている**感じがします。一方，**未来志向の to *do*** を使うと「見てごらん，信じることになるから」という感じが出ます。

He stepped aside for her to pass.

❷ ここでは，to pass「通るために」という**副詞用法の不定詞「～するために」**の意味上の主語が主文の主語の「彼」ではなく，「彼女」なので for her を to pass の前に置きます。結果的に，for her to pass で「彼女が通るために→彼女が通れるように」となります。

❸ step「一歩踏み出す」+ aside「脇に」=「脇に寄る」

Be careful not to catch a cold.

れます。そうでないときは通例 in order not to *do* や so as not to *do* を使います（⇒**170**）。

❸ **「風邪をひく」catch a cold** または **catch cold**

It is difficult for you to get along with him.

❷ to 不定詞の動作主を明示したいときは，**for A を to 不定詞の前**に置きました。ここでは，**It is 形容詞 for A to *do*.** の形で「**A が～するのは形容詞だ**」となります。

❸ get along (well) with A「A(人)とうまくやる」

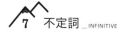

165 ☑☑ 彼女を信じるとは，君も愚かだったよ。 ➔ It で始めて

❶ 先ほど，**It is 形容詞 for A to *do*.** で「**A が〜するのは形容詞だ**」と言いましたが，A と形容詞がイコール関係になる場合，つまり**形容詞が人の性質を表す**ときは，**It is 形容詞 of A to *do*.** となります。

166 ☑☑ 子育ては難しいと思った。 ➔ find を使って

❶ find が第 5 文型で使われると「**O = C だと思う**」の意味になります。ここで，O が名詞用法の不定詞の場合，通例，形式目的語の it を使って，**find it 形容詞 to *do***「**〜することは形容詞だと思う**」の形にします。

167 ☑☑ 私には愛する人が必要だ。

❶ 形容詞用法の不定詞は，直前の名詞を修飾しますが，to の前後関係から，大きく次の 3 つに分類できます。(1) someone to love「愛すべき人」は他動詞 love の目的語が to の前の someone。(2) someone to love me「私を愛してくれる人」は love me の意味上の主語が to の前の someone。(3) a plan to go hiking「ハイキングに行くという計画」は a plan = to go hiking の同格関係が成立。

168 ☑☑ アームストロングは，月面を歩いた最初の人だ。

➔ to を使って

❶ この to walk 以下は形容詞用法の不定詞で，the first person を修飾していますが，先の(2)の someone to love me と同じパターンで，意味的に S to V の

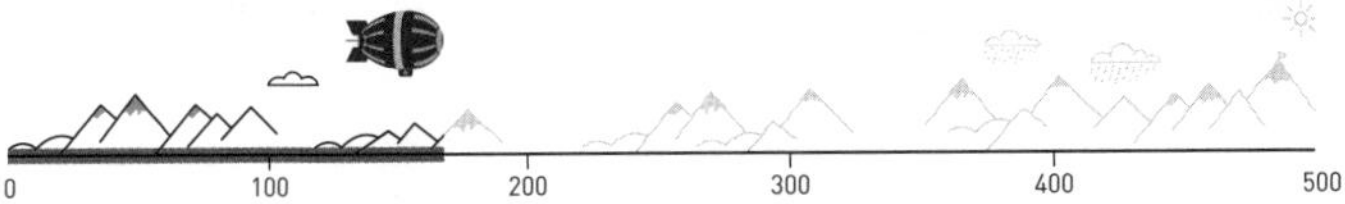

It was stupid of you to believe her.

❷ 副詞用法の不定詞を使って，You were stupid to believe her. と書き換えることができます（⇒**173**）。

❸「愚かな」stupid = silly = foolish = unwise

I found it difficult to bring up children.

❷「思う」と一口に言っても，**経験を通じて思う**ときは find を使います。ここでは実際に子育てをした上での感想だとわかります。think は必ずしも経験の必要はありません。

❸「A を育てる」bring up A = raise A = rear A

I need someone to love.

❷ なお，a friend to play with「一緒に遊んでくれる友達」のように，不定詞の最後が前置詞で終わるものは，先の(1)のパターンの応用編です。play with a friend の変形で，with の目的語 a friend が to の前に置かれたと考えてください。

Armstrong was the first person to walk on the moon.

関係が成立します。

❷ アームストロングは，アポロ 11 号の船長です。

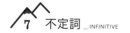

169 ☑☑ 私は友達とぶらぶらしに渋谷に行った。

❶ 目的「～するために」を表す副詞用法の不定詞で，ここでは「ぶらぶらするために渋谷に行った」でも問題ありませんが，**to *do* の持つ時間経過の性質**を利用して，「渋谷に行ってぶらぶらしようとした」のような日本語をこのような

170 ☑☑ 彼は借金を返すために一生懸命に働いた。

❶ to *do* だけでも目的「～するために」を表すことはできますが，より明確にさせたいときは in order や so as を to の前に置きます。

❷ ちなみに否定形「**～しないように**」は，**in order not to *do* や so as not to *do***です。

171 ☑☑ お会いできて嬉しいです。 ⊕ I'm で始めて

❶ 感情を表す形容詞に続く to *do* は，**感情の原因**を表します。ここでは，私が嬉しい（I'm glad）原因は，あなたに会えている（to see you）からです。

❷ もちろん，"Nice to meet you." のようなお決まりの言い方もありです（⇒**196**）。

172 ☑☑ この本は理解が難しい。 ⊕ This book で始めて

❶「この本は難しい」と言われても，何が難しいのかよくわかりません。そこで difficult の直後に to understand を補足して「理解が難しい→理解しづらい」とします。**形容詞を限定する副詞用法の不定詞**と言います。「入手しづらい」なら difficult to obtain,「見づらい」なら difficult to see など，いろいろ応用もできます。

❷ この英文の特徴は，**主語の this book が他動詞 understand の目的語を兼ねている**という点です。それゆえ，×This book is difficult to understand it. とし

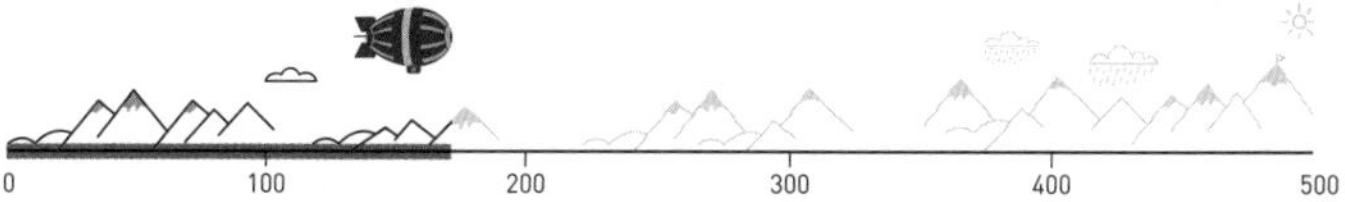

I went to Shibuya to hang out with my friends.

英文で表すこともできます。

❷ hang out with A「A(友達)とぶらぶらする」

He worked hard in order to pay off his debt.

❸ pay off A「A(借金など)を清算する」

❹ pay off the debt でも構いませんが，これだと彼の友達や親戚の借金の可能性も出てきます。

I'm glad to see you.

❸ 感情形容詞は glad 以外にも，sad「悲しい」・sorry「残念だ」・happy「幸せだ」・angry「怒っている」・shocked「ショックを受けている」・pleased「喜んでいる」・exited「ワクワクしている」など多数あります。

This book is difficult to understand.

てはいけません。

❸ 形容詞を限定する副詞用法の不定詞は，It is difficult to understand this book. と言い換えることもできます。文頭の it が形式主語で，真主語が to understand 以下になります。このような書き換えが可能な形容詞は限られており，difficult/hard/tough「難しい」・easy「容易な」・dangerous「危険な」・impossible「不可能な」・possible「可能な」などです。

173 ☑☑

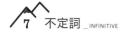

そのなぞなぞを容易に解くなんて，その少年は頭がいいに違いない。

❶ The boy must be smart.「その少年は頭がいいに違いない」と言えば，その根拠を知りたくないですか？　それを to solve the riddle easily「そのなぞなぞを容易に解くなんて」と補足します。これを**判断の根拠を表す副詞用法の不定詞**と言います。

❷ **「人に対する判断文」の後ろに置かれた to *do* は，その根拠を表す**と理解しておきましょう。

174 ☑☑

眼が覚めると，私は床で横になっていた。

❶ **「目覚めて…に気づく」awake to find …または wake up to find …**

❷ find O C「O=C に気づく」の C は，**OC が能動関係ならば現在分詞，OC が受動関係ならば過去分詞**になります。ここでは「私」が「横になる（lie)」は，能動関係なので現在分詞にします。

175 ☑☑

百歳まで生きる人がますます増えている。

❶ **live to be [年齢]**「生きて～歳になる→**～歳まで生きる**」

❷ **<比較級 and 比較級>**で**「ますます～」**を意味し，ここでは many「多数の」の比較級 more が使われています。

176 ☑☑

私たちは関係を修復しようとしたが，結局別れた。

→ only を使って

❶ 文の後ろに<, only to *do*>が置かれると，**よくない結果**を表します。「**～したが，その結果は…するだけだった**」と訳します。

❷ **try to *do*「～しようと努力する」**

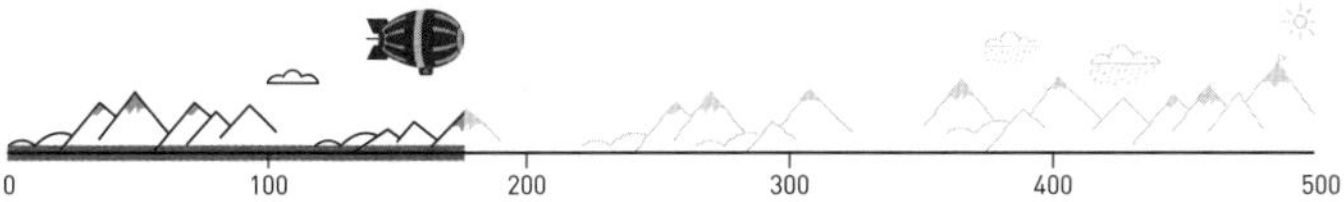

The boy must be smart to solve the riddle easily.

❸ smart は「頭がいい」であって「痩せている」ではありません。「痩せている」なら slim, slender, skinny, thin などを使いましょう。なお，slim と slender は「すらっとしている」ことを表しますが，skinny は「骨と皮だけ」というネガティブなイメージで使われるので要注意です。thin は「体脂肪が少ない」ことを表すニュートラルな語です。

I awoke to find myself lying on the floor.

❸ 再帰代名詞(*oneself*)は，S の動作の対象(O)が S 自身であるときに用います。たとえば，He killed himself. は自殺ですが，He killed him. は他殺（つまり He と him は別人）ということになります。

More and more people live to be one hundred years old.

❸ one hundred years old の years old は文脈でわかるので，省略しても構いません。

We tried to fix our relationship, only to break up.

❸ fix a relationship「関係を修復する」
❹ break up「別れる」

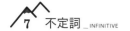

177 ☐☐ 彼は故郷を離れたが，二度と戻ることはなかった。

⊕ never を使って

❶ 文の後ろに<, never to *do*>が置かれると，**176** 同様よくない結果を表します。「～したが，**その結果…することは決してなかった**」と訳します。

178 ☐☐ 彼はお金持ちだったと言われている。⊕ He で始めて

❶ *be* said to *do*「～すると言われている」(⇒**123**)

❷ **完了不定詞 to have *done* は時間のずれを表します。**ここでは，「言われている」のが今で，「お金持ちであった」のが過去です。

179 ☐☐ 彼女は人気作家だったようです。⊕ seem を使って

❶ seem to *do*「～するようだ」「～すると思われる」

❷ 先の **178** 同様，**完了不定詞 to have *done*** を用いることで，「思われる」のが今で，「人気作家だった」が過去を表します。

180 ☐☐ 私のコーヒーは熱すぎて飲めない。⊕ My coffee で始めて

❶ **too 形容詞 / 副詞 to *do*「…すぎて～できない」「～するには…すぎる」**

❷ My coffee が他動詞 drink の目的語も兼ねているため，×My coffee is too hot to drink it. としてはいけません。

181 ☐☐ 彼女は親切にもその規則を詳しく説明してくれた。

⊕ enough を使って

❶ **形容詞 / 副詞 enough to *do*「～するのに十分なほど…」**は，形容詞や副詞の**程度**を表すのに用います。

❷ ***be* kind enough to *do*「親切にも～する」**

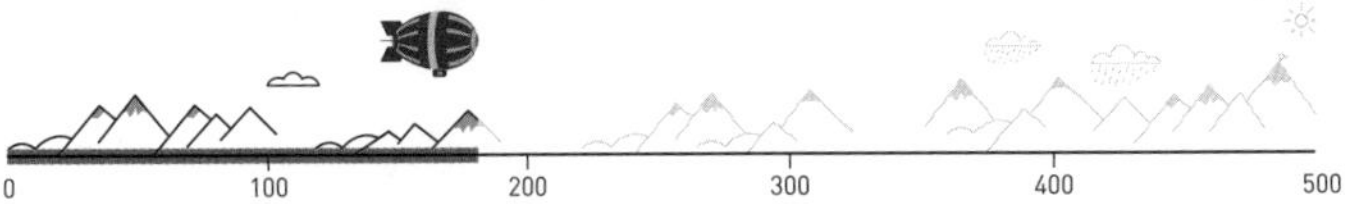

He left his hometown, never to return.

❷ leave A for B「A を離れて B に向かう」ここでは，for B が省略されています。
❸ return = go[come/get] back「戻る」

He is said to have been rich.

❸ 冒頭文は，形式主語の it と真主語の that 節を使って，**It is said that he was rich.** に書き換えることもできます。

She seems to have been a popular writer.

❸ 冒頭文は，形式主語の it と真主語の that 節を使って，**It seems that she was a popular writer.** に書き換えることもできます。
❹「作家」は，**writer**「著述家」・**author**「著者」・**novelist**「小説家」など。

My coffee is too hot to drink.

❸ so ～ that …構文を使って，My coffee is **so** hot **that** I **can't** drink it. に書き換えることができます。接続詞 that の後ろは「完全文」なので，ここでは文末の it は必要です。

She was kind enough to explain the rule in detail.

❸ explain A in detail「詳細に A を説明する」
❹ ややフォーマルですが，**so** 形容詞 / 副詞 **as to** *do* という言い方もあります。冒頭文は，She was **so** kind **as to** explain the rule in detail. でも OK です。

182 ☐☐ 言うまでもなく，その件は政府に責任がある。

❶ Needless to say「言うまでもなく」は文頭に置いて，**後続する文全体を修飾する**不定詞の慣用表現です。to say nothing of や not to mention は**直後に**

183 ☐☐ 寒くなってきた。さらに悪いことに，雨も降り出した。

❶ To make matters worse「さらに悪いことには」も先の **182** 同様，不定詞を使った慣用表現です。
❷「寒暖」や「天候」は，その場の状況を it で表します。

184 ☐☐ 首相は来月ベトナムを訪問する予定だ。

❶ *be* to が助動詞のように働き，**「予定」「可能」「義務」「意図」**などを表します。
❷ そもそも不定詞は，上に挙げた 4 つの意味を備えています。たとえば，a book to read なら「これから読む本」→予定，「読める本」→可能，「読むべき本」→義務，「読みたい本」→意図，などの様々な解釈ができます。

185 ☐☐ その本は今度の土曜日までに返却してください。

❶ これは *be* to が「義務」を表す例で，「これから本を返却する (to return the book) 状態に今いる (are)」ということです。*be* to を should あたりに置き換えても意味は変わりません。

186 ☐☐ 町には人っ子一人いなかった。

❶ *be* to が可能を表すときは通常，冒頭文のように**不定詞は受動態**で，**否定の副詞（not, never, nowhere など）と共に**用いられます。
❷ ここでの soul は，否定文で使われて「人 (= person)」を意味します。

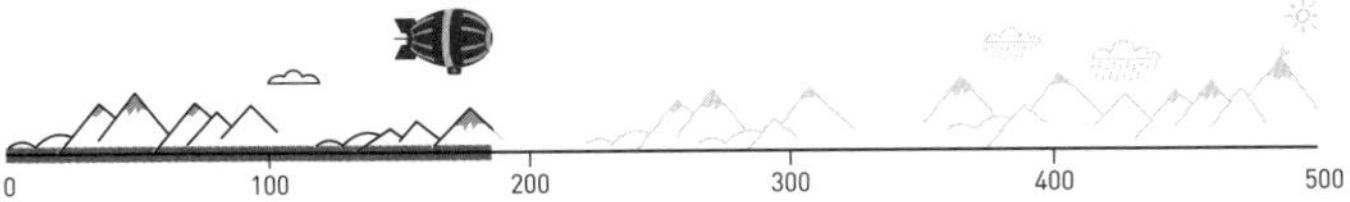

Needless to say, the government is to blame for the matter.

名詞がきて，「**A(名詞)は言うまでもなく**」となるので気をつけましょう。

❷「**A に責任がある**」*be* to blame for A = *be* responsible for A

It was getting cold. To make matters worse, it began to rain.

❸ 不定詞を使った慣用表現は他にも，to tell the truth「**本当のことを言うと**」・to begin with「**まずはじめに**」・to be frank with you「**率直に言って**」・so to speak「**いわば**」・to be honest「**正直に言うと**」などがあります。

The Prime Minister is to visit Vietnam next month.

❸ つまり *be* to *do* は，不定詞が表す「**予定**」「**可能**」「**義務**」「**意図**」などの「**状態にいる**（be)」が基本的な考え方で，冒頭文なら，「これから訪問する(to visit)状態に今いる(is)」ので「訪問予定だ」となるわけです。

You are to return the book by next Saturday.

❷ by「～までに」と until「～までずっと」の違いに気をつけましょう。by は**期限**を，until は**継続**を表します。

Not a soul was to be seen in town.

❸ <not a **単数名詞**>は not が a を否定することで，「**ひとつも～ない**」という**強い否定**を表します。

❹ in town「町には」。town は具体的な名前を言わなくてもわかる場合，**通例無冠詞**で用います。

187 ☑☑ 成功したければ，最善を尽くすことです。 ➔ make を使って

❶ if 節中の *be* to は，通常「**意図**」を表し，「**〜するつもりだ**」と訳します。
❷「成功する」make it = succeed

188 ☑☑ どうしたらいいのかわからなかった。 ➔ what を使って

❶ ＜**疑問詞** + to *do*＞は，**名詞の働き**をして，「**疑問詞〜すべきか**」という意味を表します。ここでは，what to do が他動詞 know の目的語になっています。
❷ **what to do「何をするべきか」**は，他動詞 do「〜をする」の目的語（= 名詞）が what になって to の前に出たものです。

189 ☑☑ どのバスに乗ればいいのか教えてください。

❶ ここでは，which bus「どのバス（に）」**2 単語でひとつの疑問詞**と考えます。後ろに to take を加えることで，「乗るべきか」となります。
❷ get on は，**乗り込む一瞬の動作**を表し，get off は**降りる一瞬の動作**を表します。**乗ってから降りるまでの全プロセス**は take で表します。
❸ which bus to take = which bus I should take

190 ☑☑ 君が望むなら，参加してもいいよ。 ➔ us を使って

❶ **同じ表現の繰り返しを避ける**ために，to だけを不定詞の代用にすることがあります。これを**代不定詞**と呼びます。
❷ ここでは if you want to join us の下線部が省略されています。

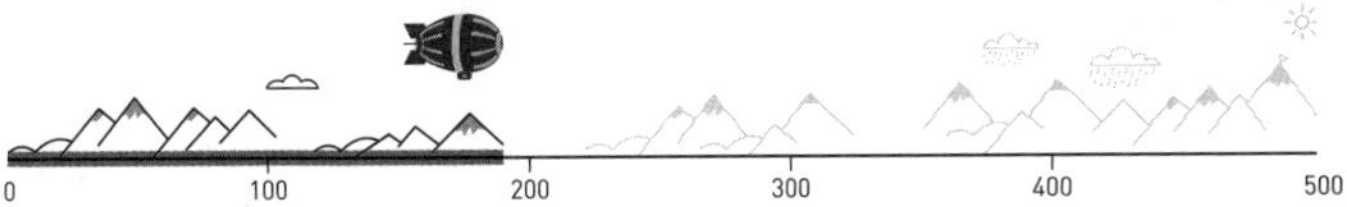

If you are to make it, you have to do your best.

❸「最善を尽くす」do *one*'s best

I didn't know what to do.

❸ what to do = what I should do
❹「わからなかった」は，I didn't know の他に，**I had no idea** も可です。

Could you tell me which bus to take?

❹ Could you ～？は**丁寧な依頼**を表しました（⇒**082**）。
❺ ここでは teach「勉強を教える」ではなく，tell「言葉で伝達する」がベストでしょう。ちなみに show にすると，地図を書いたり目的地まで案内したりすることになります。

You can join us if you want to.

❸「～してもいい」は You may ～だと**上から目線な印象**を与えます。You can ～あたりが無難です。
❹ join は**「同じ目的を持つ集団の一員になる」**ことを意味する一方，take part in A や participate in A は，part「役割」が使われていることからもわかる通り**「積極的に役割を果たす」**というニュアンスになります。

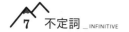

191 ☐☐ その子供は泣いてばかりいた。

❶ 不定詞には 2 種類あります。<to + 動詞の原形>を **to 不定詞**，または単に**不定詞**と呼び，to がなく動詞の原形だけのものを**原形不定詞**と呼びます。

192 ☐☐ 私は父が家具を動かすのを手伝った。

❶ **help A (to) *do*「A が～するのを助ける」**は，to 不定詞でも原形不定詞でも OK です。

193 ☐☐ 君はこのボタンを押しさえすればよい。

❶ **All S have to do is (to) *do*.「S は～するだけでいい」**
❷ 関係詞の that が先行詞 all の直後に省略されており，「S がする全部は～することだ」が直訳です。

194 ☐☐ そうするより仕方がないのです。 ⊕ There is で始めて

❶ **There is nothing for it but to *do*.「～するよりほか仕方ない」**
❷ nothing to *do*「～することが何もない」という形容詞用法の不定詞がベースです。ここに「～を除く」という but が to *do* を伴って「～することを除い

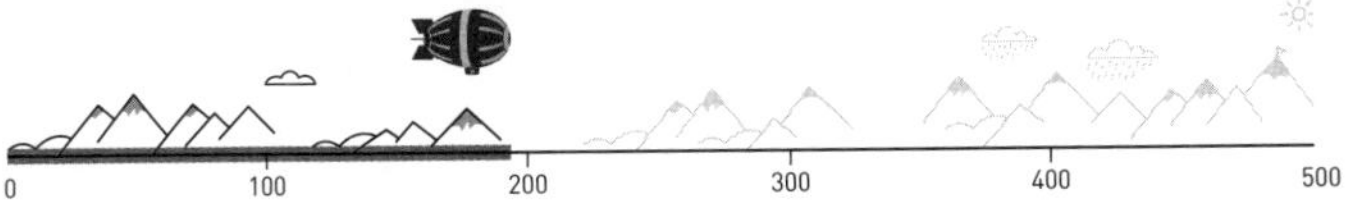

The child did nothing but cry.

❷ do nothing but *do*「**〜ばかりする**」は原形不定詞を使った慣用表現の一つです。but には前置詞「**〜を除いては**」の用法があり，ここでは泣くこと(cry)を除いては(but)何もしない(do nothing)から「泣いてばかりだ」となります。

I helped my father (to) move the furniture.

❷ help (to) *do*「**〜するのに役立つ**」も重要です。セットで覚えておきましょう。[例] This policy will help (to) stimulate the economy.「この政策は経済を刺激するのに役立つだろう」

❸ furniture「家具」は不可算名詞。×a furniture や ×furnitures は NG です(⇒**336**)。

All you have to do is (to) push this button.

❸ 主語の最後が do なので，補語は必ず「動作」になりますね。したがって，to 不定詞でも OK ですが，原形不定詞がよく使われます。

There is nothing for it but to do so.

て」の意味になり，さらに for it「それに対して」が加わったものです。There is nothing for it but to *do* で「それに対しては，〜すること以外何もない」が直訳です。

195 ☑☑

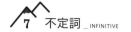

私はその光景を目にして思わず笑ってしまった。

❶ **cannot but *do*「思わず〜してしまう」**

❷ cannot help *do*ing とほぼ同じ意味ですが，but を使うほうがより文語的です。

❸ 先の but 同様「〜以外」の意味なので，「笑うこと以外できなかった」が直訳です。

196 ☑☑

初めまして，アーチー。
— こちらこそ初めまして，ヴェロニカ。

❶ Nice to meet you. は**初対面の相手**に用います。

❷ 一方，**Nice to see you.** は，文末に again などを伴って，**2回目以降に会ったとき**に「また会えてよかったです」という場面で用います。

❸ なお，別れ際に「（今日は）**お会いできてよかったです**」と言いたいとき **Nice meeting[seeing] you.** と言います。

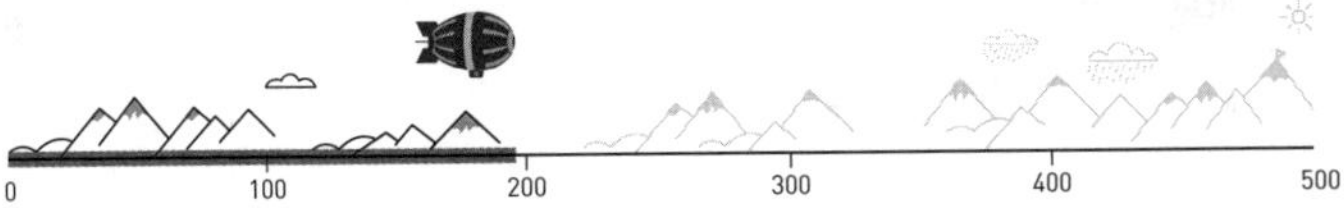

I could not but laugh at the sight.

❹ at the sight**「その光景を見て」**の at は**感情の対象が１点に向くこと**を表し，「～を見て」「～を聞いて」などと訳します。**[例]** I was surprised at the news.「その知らせを聞いて驚いた」

Nice to meet you, Archie.
— Nice to meet you, too, Veronica.

❹ How do you do? も「初めまして」の意味がありますが，特に若い世代ではあまり使われなくなっています。それをわかっていて，この言い方をわざと使うのはありでしょう。

8 分詞 _ PARTICIPLE

197

吠える犬はめったに噛まない。 ことわざ

❶ **現在分詞**は，「現在」を表しません。「**能動**」または「**進行**」を表します。ここでは，dogs と barking の間に「犬」が「吠える」という**能動関係**が成立しています。

❷ 分詞が**名詞の前に置かれ**，直後の名詞を修飾するときは，**分類的な意味**を表します。ここでは「吠えない犬」に対する「吠える犬」という分類です。他に

198

私には中古車も買えない。 afford と use を使って

❶ **過去分詞**は「過去」を表しません。「**受動**」か「**完了**」を表します。ここでは，a car と used の間に「車」が「使われる」という**受動関係**が成立しています。

199

庭は落ち葉だらけだ。 There で始めて

❶ **過去分詞**は「**受動**」だけでなく「**完了**」も表しました。ここでは，fallen と leaves の間に「葉」が「落ちてしまった」という完了の意味が成立しています。

❷ 同じ過去分詞なのに，先の **198** は「受動」に，この **199** は「完了」になるのは，use「～を使う」は他動詞なのに対して fall「落下する」は自動詞だからです。つまり，**他動詞の過去分詞形は受動の意味に**，**自動詞の過去分詞形は完**

200

向こうで泣いている赤ちゃんをご覧なさい。

❶ 分詞が名詞の前に置かれると**分類的**な意味を表しましたが，名詞の後ろに置かれると**一時的な動作**「（そのとき目の前で）～している」または**動作の詳細**を表します。Look at the baby crying. で「今まさに目の前で泣いている赤ちゃんをご覧なさい」という意味になります。the baby と crying の間に能動関係が成立しているのは言うまでもありません。

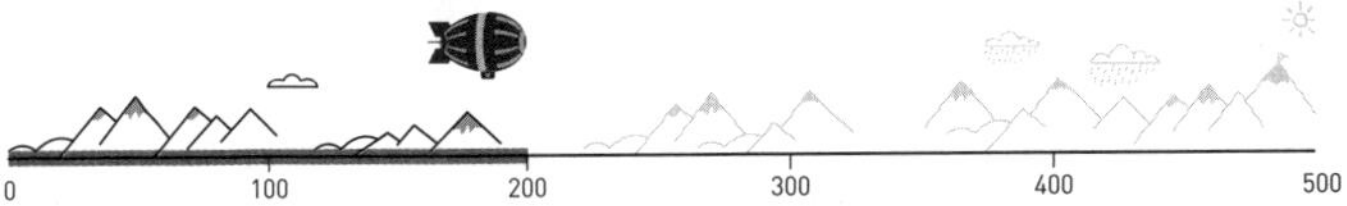

Barking dogs seldom bite.

も，flying birds なら「飛ばない鳥（たとえばペンギン）」に対する「飛ぶ鳥」，crying babies なら「泣かない赤ちゃん」に対する「泣く赤ちゃん」という分類的な意味になります。

❸ 頻度の副詞 **seldom「めったに～ない」**は **rarely** も可です。

I cannot afford to buy a used car.

❷ 分詞が名詞の前に置かれると，分類的な意味を表しましたが，ここでは「新車」に対する「中古車」という分類です。

❸ **cannot afford to *do*「～するだけの経済的な余裕がない」**

There are a lot of fallen leaves in the garden.

了の意味になるということです。後者の例は，他にも developed countries「発展した国→先進国」，retired teachers「引退した先生」などがあります。

❸ leaf「葉」の**複数形は leaves** です。

❹「庭」は yard とも言いますが，**garden は花・野菜・木などが植えてある土地**を，**yard は芝生などを植えて整備された庭**を指します。

Look at the baby crying over there.

❷ ここでは，**分詞句(= 分詞 + α の意味のかたまり)** crying over there「向こうで泣いている」が，the baby を後ろから修飾することで，一時的な動作および動作の詳細（向こうで）を表しています。

❸「見る」という動詞は，**look「目を向ける」，see「～を目にする」，watch「(動いているもの) を観察する」**と押さえておけばいいでしょう。ここでは，赤ちゃんに目線を向けるのだから look にします。

201 ジョンが書いた本は面白い。

❶ written books は「書かれていない本，つまり絵だけの本や聞く本など」に対する「書かれた本」という分類を意味しますが，ここでは分詞句 written by John が the book を後置修飾しているので，両者が**受動関係**であると同時に**動作の詳細**を説明していることになります。

202 アニーは子供たちに囲まれて座っていた。

❶ 分詞は補語（= イコール語）になることもあります。つまり，SVC や SVOC の C になれるのです。
❷ ここでは，分詞句 surrounded by the children が，sit の補語（C）になっています。

203 彼女は 20 分間私を待たせたままにしておいた。

❶ **keep O C「O を C のままにしておく」**の C に分詞が置かれることがあります。O と C が**能動関係ならば現在分詞**を，**受動関係ならば過去分詞**を用います。「私」が「待つ」は，能動関係なので現在分詞 waiting にします。
❷「私」が「待たされる」と考えて，過去分詞 waited にする人が少なからずいますが，これは間違いです。「(人を）待つ」という意味で使われる wait は自動詞なので，[×]I was waited.「私は待たされた」という受動態の文がそもそも

204 私は犬を木につないだままにしておいた。

❶ keep O C「O を C のままにしておく」の C に tie「～をつなぐ」の過去分詞が置かれた例です。

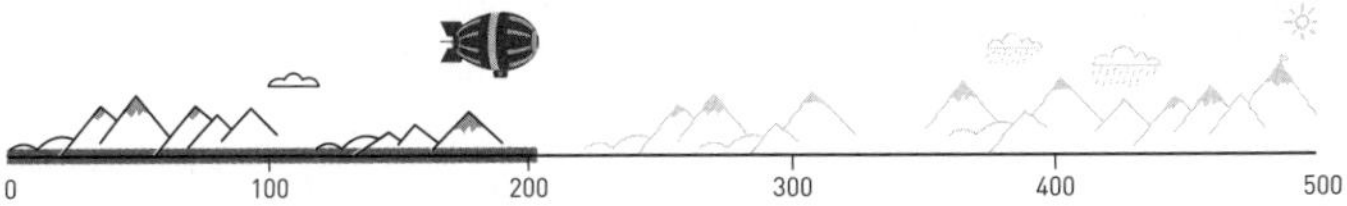

The book written by John is funny.

❷「面白い」は，funny「**滑稽な**」・interesting「**興味深い**」・amusing「**楽しく愉快にさせる**」・exciting「**ワクワクドキドキさせる**」などがあるので，状況によって適切に使い分けてください。

Annie sat surrounded by the children.

❸ 受動態の文 Annie was surrounded by the children. の was が sat に置き換えられたと考えることもできます。

She kept me waiting for twenty minutes.

存在しないからです。

❸ 時間の長さを表す前置詞 for「～の間」は，ここではなくても構いません。**この意味での for が自動詞の後ろに来る場合，省略できる**からです。たとえば「ちょっと待って」なら，Wait for a second. でも Wait a second. でも OK です。

I kept my dog tied to the tree.

❷ tie A to B「A を B につなぐ」が元の形です。ここでは「犬」が「つながれる」という受動関係が成立するので過去分詞になります。

205 ☐☐ **それは言わないままにしておいたほうがいい。**

❶ 実は「O を C のままにしておく」を英語にするには動詞の keep と leave を思い浮かべる必要があります。**keep は積極的に維持する**のに対して **leave は何もせずに放置しておく**という違いがあります。

❷ 今回は，it「それ」が unsaid「言われない」のは受動関係なので C は過去分

206 ☐☐ **彼女は水を出しっぱなしにした。** ➔なおざり

❶ 先の **205** 同様，水が出たまま放置しているなら leave O C を用います。

❷「水」が「流れる」は能動関係なので，C には現在分詞 running を用います。

207 ☐☐ **通りを歩いていて，メアリーに会った。** ➔分詞構文を使って

❶ ＜分詞＋ α ＞から成る意味のかたまりを**分詞句**と言いました。この**分詞句が，「完全文」の前・中・後ろのいずれかに置かれたもの**を「**分詞構文**」と言いますが，分詞句が完全な文を修飾しているのだから「**分詞の副詞用法**」と言うほうがよりわかりやすいのでは？と僕は個人的に思います。

❷ 分詞構文は，**時・理由原因・条件・譲歩・付帯状況**などを表すとよく言われますが，そのような分類はあまり意味がないでしょう。そもそも接続詞の when や because などを使わない曖昧さこそ分詞構文の持ち味なのですから，それ

208 ☐☐ **気をつけて運転すれば，この車は 1 ガロンで 20 マイル走る。** ➔this car を主語にして

❶ 分詞構文で用いられる分詞句は，現在分詞で始まるものと過去分詞で始まるものとがあります。**「完全文」の主語と分詞の関係が能動なら現在分詞に，受動なら過去分詞に**しましょう。

❷「この車」が「運転される」は受動関係なので過去分詞 driven にします。

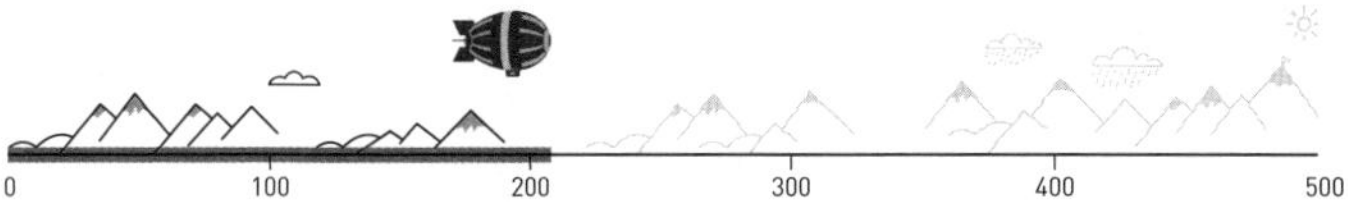

You had better leave it unsaid.

詞になっていますが，keep ではなく leave を用いているのは，言わずに放っておくというニュアンスがあるからです。

❸ **強い助言**を表す had better を，**理想**を表す should/ought to に置き換えてもいいでしょう。

She left the water running.

❸「水」が「流される」と考えて過去分詞にしてはいけない理由は，「流れる」という run が自動詞なので，×The water was run.「水が流された」という受動態の文が存在し得ないからです（⇒**203**）。

Walking on the street, I met Mary.

を厳格に分類するのはむしろ「らしさ」を損なうことになるからです。

❸ 分詞構文は，**2つの動作が「同時」に起こるか「連続」して起こる**かを表します。冒頭文は，「通りを歩く」という動作と「メアリーに会う」という動作が同時に起こったことがわかります。

❹ on the street の代わりに in the street もありです。両者の違いには諸説あり，in が英国で on が米国という説明や，in the street は**物理的な道**が意識され，on the street は**機能としての道**が意識されるという人もいます。

Driven carefully, this car runs twenty miles per gallon.

❸ per は「～につき」の意。冠詞の a にも同じ意味と用法があります。

❹ 1 mile は約 1.6 km。1 gallon は，イギリスでは約 4.5 リットル，アメリカでは約 3.8 リットル。

209 ☐☐ その本は，平易な英語で書いてあり，初心者にふさわしい。

➜ The book で始めて

❶「完全文」の中に分詞句が置かれた分詞構文の例。SV の間に挿入される形で，２つのカンマに挟まれます。

❷「本」が「書かれる」という受動関係になっているので，過去分詞の written を使います。日本語の「書いてある」につられて writing にしないようにしましょう。

210 ☐☐ 私は歯を磨いて，床についた。 ➜ and を使わずに

❶ 分詞句が「完全文」の後ろに置かれた例で，２つの動作「歯を磨く」と「床につく」が**連続**して起こっています。これを「同時」と解釈するのは，やや無理があるでしょう。

211 ☐☐ 彼は以前その都市を訪問したことがあったので，私を案内することができた。

❶ 分詞構文は通例，２つの動作が「同時」に起こるか「連続」して起こるかを表しましたが，**having *done* で始まる分詞句は，完全文よりも前の時を表します**。ここでは，「私を案内できた」のが過去で，「その都市を訪問した」のはそれよりもさらに前の出来事ということになります。

212 ☐☐ 何と答えていいかわからなくて，彼はまごついた。

➜ 分詞構文を使って

❶ 分詞句の内容を否定するときは，**分詞の直前に not** を置きます。

❷ what to answer「何と答えればいいのか」

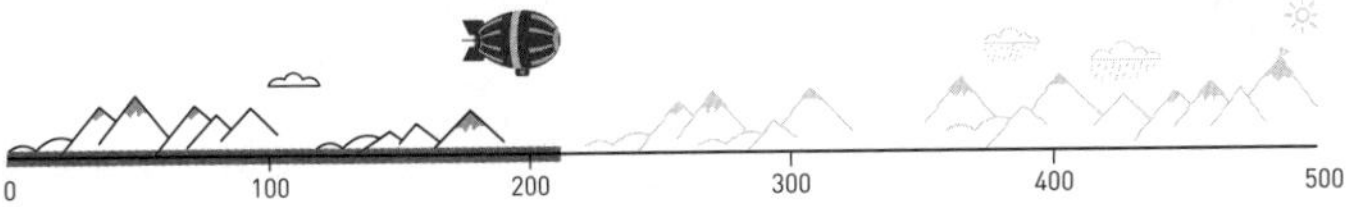

The book, written in plain English, is suitable for beginners.

❸ *be* suitable for A「A にふさわしい」は，*be* appropriate for A や *be* suited to A などでもいいでしょう。
❹「平易な」は plain の他に，easy や simple も可です。

I brushed my teeth, going to bed.

❷ 接続詞の and を使って書き換えると，I brushed my teeth and went to bed. となります。and が 2 つの動詞の過去形 brushed …と went …をつなぐことになります。
❸ teeth は tooth「歯」の複数形です。

Having visited the city before, he was able to show me around.

❷ 副詞 before「以前」の代わりに once「かつて・一度」を使うのもありでしょう。
❸ show A around「A(人)を案内する」

Not knowing what to answer, he was at a loss.

❸ answer「(質問など）に答える」の代わりに他動詞用法の reply も可です。
❹ *be* at a loss = *be* upset = *be* confused「まごついている」

213 ☑☑ **雪が降り始めたので，私たちはタクシーに乗った。**

→ 分詞構文を使って

❶ 分詞句の意味上の主語が，完全文の主語と異なる場合は，それを**分詞の直前に**置きます。

❷ ここでは，the snow が分詞句 beginning to fall の意味上の主語です。これ

214 ☑☑ **バスに空席がなかったので，私はずっと立っていなければならなかった。**

❶ There *be* A「A(主語)がある / いる」を分詞構文にするには **there being A** の形にします。

215 ☑☑ **人混みを歩きながら，スマホを使うべきではない。**

❶ 分詞構文の表す意味を明確にするため，分詞句の前に接続詞を置くことがあります。冒頭文は，Walking in a crowd …でも構いませんが，コントラストを表す while を置くことで「人混みを歩く」と「スマホを使う」という 2 つの行

216 ☑☑ **そこに君が立っていては，僕は集中できないよ。**

→ With で始めて

❶「完全文」の前後に**<with+ 名詞（代名詞のときは目的格）+ 分詞>**が置かれて，**ある状況を伴っている**ことを表します。ここでは，「君がそこに立っている」という状況を伴っているせいで，「僕が集中できない」という，ある種の因果関係をほのめかしています。

❷ with の直後の名詞と分詞との間に**能動関係が成立するときは現在分詞**を，**受動関係が成立するときは過去分詞**を用います。冒頭文は，you と stand が能

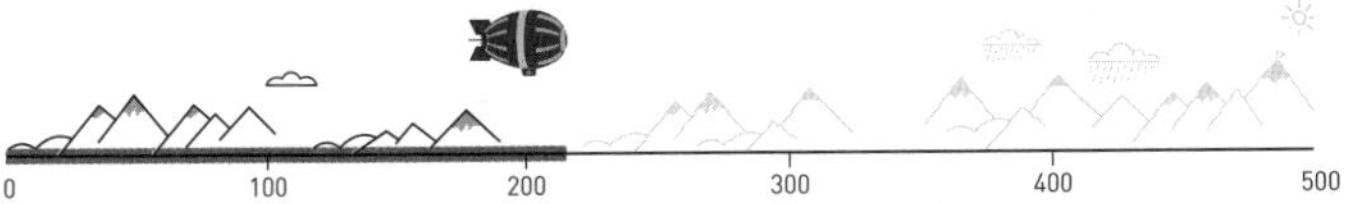

The snow beginning to fall, we took a taxi.

は仮の話ですが，the snow がなかったら，私たち(we)が降り始める(beginning to fall)ことになってしまいます。

❸ **take a taxi「タクシーに乗る」** catch a taxi だと「タクシーをつかまえる」。

There being no vacant seat in the bus, I had to stand all the way.

❷ = As there was no vacant seat in the bus, I had to stand all the way.

❸ **all the way「ずっと」**

While walking in a crowd, you should not use your smartphone.

為の対比を明確にしています。

❷ in the crowd にすると，特定の群衆たとえばデモ行進に参加している群衆などを意味することになるので，ここは in a crowd が自然です。

With you standing there, I cannot concentrate.

動関係なので現在分詞の standing にしています。

❸ なお，＜with+ 名詞 + 分詞＞が完全文の前に置かれると完全文が新情報（= 重要情報）に，完全文の後ろに置かれると＜with+ 名詞 + 分詞＞が新情報になります。ここでは，「君がそこに立っていると僕がどうなるのか？」に意味の重きが置かれています。

217 ☑☑ 彼女は目を閉じて，僕にキスをした。

❶ 先の **216** の分詞が，ここでは過去分詞になっています。her eyes と close は受動関係だからです。

❷ with 以下が完全文の後ろに置かれているので，「どんな状況で彼女が僕にキスをしたのか？」が重要情報になります。

218 ☑☑ 口にものをほおばったまましゃべってはいけない。

➜ Don't で始めて

❶ with を用いた付帯状況の表現は，分詞の箇所が**形容詞・副詞・前置詞句**などになることもあります。ここでは，形容詞の full「（食べ物で）いっぱいの」が用いられています。

❷ Don't leave the room with the light on.「電気をつけたままで部屋を出てはいけない」は副詞，He was standing at the door with his hands in his

219 ☑☑ 彼の様子から判断すると，その噂はおそらく本当だろう。

❶ judging from A「A から判断すると」は，慣用的に用いられる分詞構文です。したがって，「噂(the rumor)が judge(判断する)」のような通常のルールは当てはまりません（⇒**213**）。

220 ☑☑ あなたは英語で用が足せますか？

➜ 自分の意思を相手に理解してもらえるかということ

❶ Sorry, I don't understand you.「ごめん，あなたの言いたいことが理解できない」でもわかる通り，you だけで「あなたの言いたいこと」を表します。冒頭文は，目的語が主語と同一のため再帰代名詞 yourself を用いていますが，元々は you です。

She kissed me with her eyes closed.

❸ **216** が現在分詞，**217** が過去分詞である根拠は，能動か？受動か？であることは確かなのですが，同時に **stand は自動詞（= 受動態ができない）** で **close は他動詞（= 受動態ができる）** であるという点も忘れてはいけません。

Don’t speak with your mouth full.

pockets.「彼は両手をポケットに入れたまま，ドアのところに立っていた」は前置詞句の例文です。

❸ be 動詞を加えると with 以降は完全文になります（⇒**040**）。You are standing there. Her eyes were closed. Your mouth is full. The light is on. His hands were in his pockets.

Judging from his appearance, the rumor is probably true.

❷ 慣用的な分詞構文はこの他にも，**generally speaking「一般的に言って」，given (that) …「…と仮定すると」，considering A「A を考えると」，all things considered「全てを考慮すると」，weather permitting「天気が良ければ」** など多数あります。

Can you make yourself understood in English?

❷ make yourself understood は **「あなたの言いたいことが相手に理解される状況を作る」** が直訳です。

❸ in English **「英語で」** は，「英語という枠の中で」ということで，他の言語を入れないイメージです。

221 ☐☐ **交通騒音のせいで，私の声は届かなかった。**

❶ 先の **220** では，you が「あなたの言いたいこと」を表しましたが，電話で I can't hear you. と言えば「あなたの声が聞こえません」を意味し，you だけで「あなたの声」を表します。冒頭文は，me「私の声」が再帰代名詞 myself になったものです。

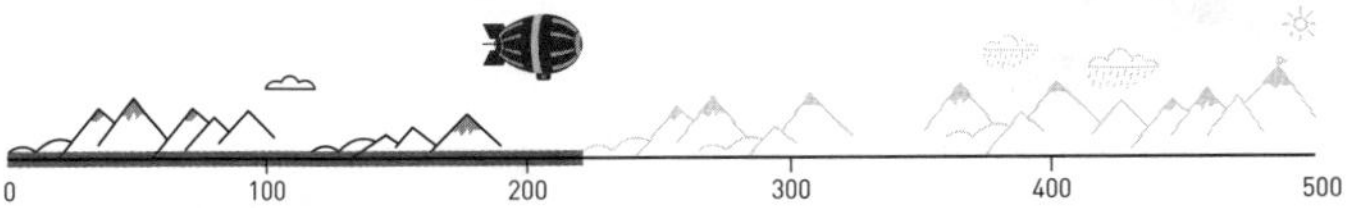

I couldn't make myself heard because of the traffic noise.

❷ make myself heard「私の声が相手に聞かれる状況を作る→**私の声が相手に届く**」

❸ ここでの「**A のせいで**」は**原因**を表し，because of A 以外にも due to A や owing to A などでも OK です。

9 関係詞 _ RELATIVE

222 ☐☐ 私には，フランス語を流暢に話せる友人がいる。

❶ 関係詞の基本的な働きは，**先行詞と呼ばれる名詞を詳しく説明する節を導く**ことです。ここでは，who から fluently まで（**関係詞節**と言います）が，先行詞 a friend を修飾しています。

❷ また関係詞は，その名の通り**2文を1文に関係づける**（＝つなぐ）**働き**があります。**代名詞が関係代名詞に**，あるいは**副詞が関係副詞に**変化することで関係

223 ☐☐ 髪の毛を金色に染めた女の子を見ましたか？

❶ 前提は，Did you see a girl? + **Her** hair was dyed gold. という2文です。所有格の Her を whose に変えて，whose hair was dyed gold という関係詞節を作ります。あとはそれを，先行詞 a girl の直後に置いて出来上がりです。

224 ☐☐ これは，私には意味がわからないことわざです。

➔ which を使って

❶ これを2文分解すると，This is a proverb. + I don't know the meaning of **it** (= the proverb).
the meaning of **it** が the meaning of **which** になって，関係詞節 the meaning of which I don't know を形成し，先行詞 a proverb の直後に置かれます。

225 ☐☐ 彼は，私が昨日モールで会った人に似ている。

❶ この英文は，He looks like a person. + I met **him** yesterday at the mall. を1文にしたものです。him が目的格で人なので whom または that を使います。そうやってできた関係詞節 whom[that] I met yesterday at the mall を先行詞 a person の直後に置いて出来上がりです。

❷ 通例，**目的格の関係代名詞は省略することができます。**その結果，名詞の直後

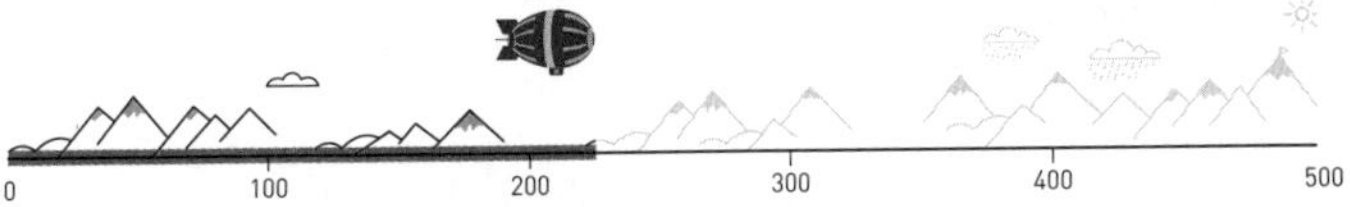

I have a friend who can speak French fluently.

詞節になります。冒頭文では，I have a friend. + **He/She** can speak French fluently. という 2 文が前提となっています。He/She は人を表す主格なので who（または that）に変化して，who can speak French fluently「フランス語を流暢に話せる」という関係詞節になります。これを先行詞 a friend に後続させて完成です。

Did you see a girl whose hair was dyed gold?

❷ 所有格の関係代名詞 whose は，**直後の無冠詞の名詞を修飾する**ことに注意しましょう。また，whose は**先行詞が人以外でも使用できます。**
❸ dye O C「O(髪)を C(色)に染める」が，ここでは受動態になっています。

This is a proverb the meaning of which I don’t know.

❷ 冒頭文は，This is a proverb **whose** meaning I don’t know. でも構いません。英語で「それの名詞」と言いたいとき，<its 名詞> または<the 名詞 of it>という 2 種類の言い方があるためです。
❸ 公式化すると，**whose 名詞 = the 名詞 of which** ということになります。

He looks like a person whom I met yesterday at the mall.

に目的語が不足した SV が後続した形をよく目にしますが，これを**接触節**といいます。冒頭文は He looks like a person I met yesterday at the mall. にしても大丈夫です。
❸ 日常会話では **whom は who で代用されることが多く**，冒頭文の whom も who で構いません。

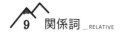

226 ☑☑ ロンドンは，私が長い間訪れたいと思ってきた都市だ。

⊕ visit を使って

❶ 関係詞の問題は，**実は動詞の語法の問題だ**ということを覚えておきましょう。冒頭文は，先行詞が the city という場所を表す名詞だからという理由だけで where を使おうとする人がいますが，それは間違いです。なぜなら，この文は London is the city. + I have long wanted to visit **it**(=the city). と 2 文分解でき，この中の it が変化するのだから which になるのです。ポイントは先行詞 the city ではなく，**visit が他動詞である**という点なのです。

227 ☑☑ ロンドンは，私が長い間行きたいと思ってきた都市だ。

⊕ go を使って

❶ 先の **226** の英文との違いは，他動詞 visit が自動詞 go に変わることにより関係副詞 where を使っている点です。関係副詞 where は，**there「そこへ / で」のような場所を表す副詞（句）が変化**して 2 文が 1 文になります。London is the city. + I have long wanted to go **to it**(=the city). 後半の文における to

228 ☑☑ これは，その偉大な詩人が暮らした家だ。 ⊕ 関係副詞を使って

❶ 前提となる 2 文は This is the house. + The great poet lived **in it**(= the house). です。この in it「そこで」が，場所を表す副詞 there と同意になるので，where を使って 1 文にします。

229 ☑☑ 私たちが宇宙旅行を楽しめる時がまもなく来る。

❶ 時の副詞 then[at the time]「そのとき」が関係副詞 when に変化して，2 文を 1 文につなぎます。冒頭文は，The time will come soon. + We can enjoy space travel **at the time**(=then). が前提です。

❷ 先行詞 the time と関係詞節 when we can enjoy space travel が離れること

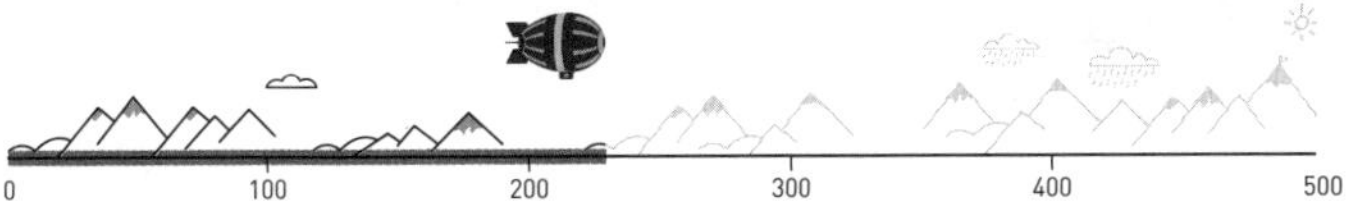

London is the city which I have long wanted to visit.

❷ ここでの which は目的格なので省略可。また，that にすることも可です。
❸ ここでの long は**副詞で「長い間」**の意。通例 have と過去分詞の間に置きます。同意の for a long time も可ですが，これは文末にくることが多いです。
❹ a city も可ですが，これだと長い間私が訪れたいと思っている都市が複数あって，そのうちの１つがロンドンということになります。the だと，訪問したかった唯一の都市ということになります。

London is the city where I have long wanted to go.

it「そこへ」は there と同じで，これが where になった関係詞節 where I have long wanted to go を先行詞 the city の直後に置いて出来上がりです。
❷ 先の to it の it を which にして，to which で 2 文を 1 文にする London is the city **to which** I have long wanted to go. でも OK です。

This is the house where the great poet lived.

❷「関係副詞を使って」という制約がなければ，in it を in which にして，This is the house **in which** the great poet lived. とすることもできます。

The time will come soon when we can enjoy space travel.

があります。文末に重要情報（ここでは when ～ travel）を持ってきたがる英語特有の意識が働くためです。
❸ come soon を soon come という語順にしても構いません。soon come は響きがやや古風です。

230 ☑☑

乗客は少なかったが，彼らはその飛行機事故を生き延びた。

➔ who を使って

❶ 関係代名詞の前にカンマ（,）を置くことで，**関係詞節が先行詞を付加的に説明**します。

❷ **<, 関係代名詞>＝<接続詞**（and, but, because など）＋**代名詞**（he, she, it, they など）> に書き換えられることが多く，冒頭文は There were few passengers, **and they** survived the plane crash. とほぼ同意です。

231 ☑☑

彼は授業中に居眠りをし，そのことが先生を怒らせた。

➔ it を使わずに

❶ which の前にカンマがついた形<, which>が前文を先行詞とすることがあります。ここでの先行詞は the lesson「授業」ではなく「彼が授業中に居眠りをしたこと」です。

232 ☑☑

これは，私がおととい話をした辞書です。

➔ talk を使って

❶ この英文は，This is the dictionary. + I talked **about it**(=the dictionary) the day before yesterday. という 2 文が 1 文になったものです。

❷ about it が about which になって冒頭文のようになるだけでなく，**This is the dictionary which I talked about the day before yesterday.** のように，which だけが前に出て前置詞が置き去りにされることもあります。この場合は which を省略することができます（⇒**225**）。

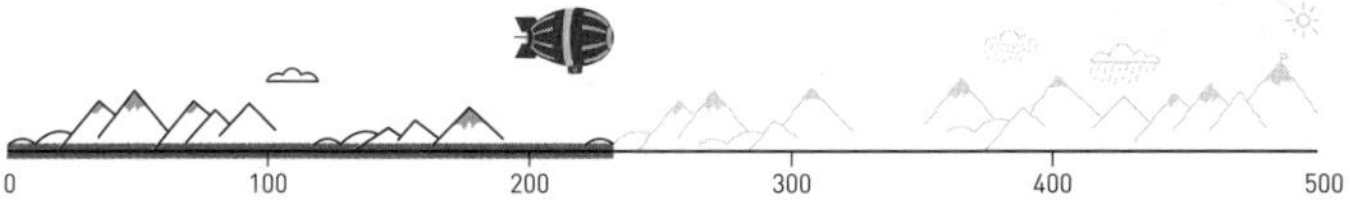

There were few passengers, who survived the plane crash.

❸ もしこの英文にカンマ（,）がないと，関係詞節が直接先行詞の内容を限定するため，「その飛行機事故を生き延びた乗客はほとんどいなかった（つまり亡くなった乗客が多かった）」となり，冒頭文の「もともと乗客は少なかったが，彼らは全員無事だった」場合とは大きく意味が変わってしまいます。

❹ **他動詞の survive** は，目的語が［人］なら「**(人) よりも長生きする**」，［事故］なら「**(事故) を切り抜けて助かる**」となります。

He fell asleep during the lesson, which made the teacher angry.

❷ 接続詞の and を使うと，He fell asleep during the lesson, **and it** made the teacher angry. となります。

❸ <fall + 形容詞> で「**急にある状態に陥る**」の意味になります。**fall sick/ill**「**突然病気になる**」が類例です。

This is the dictionary about which I talked the day before yesterday.

❸ <前置詞＋関係代名詞> では，about that のように**関係代名詞の that は使えません。which または whom のどちらか**を用います。

❹ talk about A「A について話をする」

❺ the day before yesterday「おととい」

233 ☐☐

その規則が当てはまらない場合もある。 ⊕関係副詞を使って

❶ 関係副詞 where は，公園・映画館・駅など具体的な場所でなくても，case「場合」・situation「状況」・relationship「関係」などの**抽象的な場所を先行詞にする**こともできます。

234 ☐☐

そういうわけで，私は秘書をクビにしたのだ。

❶ 関係副詞 why が the reason を先行詞にとるときは，先行詞を省略することがあります。why も reason も理由を表すため，ややくどい印象を与えるからです。冒頭文では，why の前に the reason が省略されています。

❷ 同様に，where が the place/point を，when が the time を先行詞にとると

235 ☐☐

こうして私たちは（恋人として）付き合い始めました。

⊕7 語で

❶ 関係副詞の how の先行詞は必ず the way ですが，この両者が同時に用いられることはありません。どちらか一方だけで使います。冒頭文は，This is **the way** we started going out. でも構いません。

❷ 元の 2 文は，This is the way. + We started going out **in the way.** で，方法を表す副詞句 in the way「そのやり方で・そのようにして」が how に変化し

236 ☐☐

正直だと私が信じていた男が私をだました。 ⊕was を使って

❶ これは次の 2 つの英文が 1 つになったものです。The man deceived me.「その男は私をだました」+ I believed (that) <u>he</u> was honest.「私は彼を正直だと信じていた」

❷ 下線部の he が who になって，関係詞節 who I believed was honest が先行詞 the man の直後に置かれたものです。関係詞節になる際に，接続詞の that

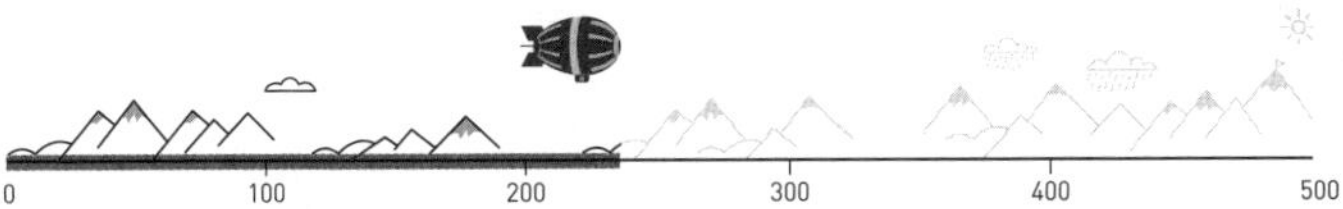

There are some cases where the rule doesn't hold true.

❷ その名詞が抽象的な場所であるかどうかを識別する方法は，「**〜において**」と訳せるかどうかです。ここでは「その場合においで規則が当てはまらない」と言えるので抽象的な場所と判断できます。

❸「当てはまる」hold true = hold good = apply

That's why I fired my secretary.

きにも，先行詞が省略されることがあります。

❸ fire A = dismiss A「A(人)をクビにする」

❹ That's why 〜「**そういうわけで〜**」や This is why 〜「**こういうわけで〜**」は，ほぼお決まりの言い方です。

This is how we started going out.

ます。なお，in the way を in which に変えて，This is the way in which we started going out. にすることもできます。

❸ go out は文字通りには「外に出る」ですが，「デートする」「(恋人として) 付き合う」の意味でもよく用いられます。

The man who I believed was honest deceived me.

は必ず消去します。

❸ who の部分が空所補充になる問題で，直後が SV だからという理由だけで目的格の whom を選ばないようにしましょう。関係詞の問題は **2 文分解してつじつまが合うかどうか**を必ずチェックしましょう。

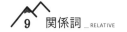

237 ☐☐ 正直だと私が信じていた男が私をだました。 ⊕ to be を使って

❶ これは次の 2 つの英文が 1 つになったものです。The man deceived me.「その男は私をだました」+ I believed him to be honest.「私は彼を正直だと信じていた」

238 ☐☐ 一度してしまったことは元どおりにはならない。 ⊕ what を使って

❶ 関係代名詞 what は **the thing which「…なもの / こと」**の意で，それ自体に先行詞を含んでいます。

239 ☐☐ 母のおかげで今日の私がある。 ⊕ what を使って ⊕ My mother で始めて

❶ thing を「人（=person）」の意味で使うことがあります。a pretty little thing「可愛らしい子」がその一例です。このことから，**what** I am today = **the person that** I am today で，「私が今日そうである人→今の私」となります。

240 ☐☐ 私は，彼になけなしのお金をあげた。 ⊕ what を使って

❶ <what 名詞 S V>の形で「**S が V する全ての名詞**」という意味を表すことがあります。
❷ <whatever 名詞 S V>「S が V するどんな名詞も」の ever が省略されたと考えると，先の意味になることも納得できます（⇒**243**）。

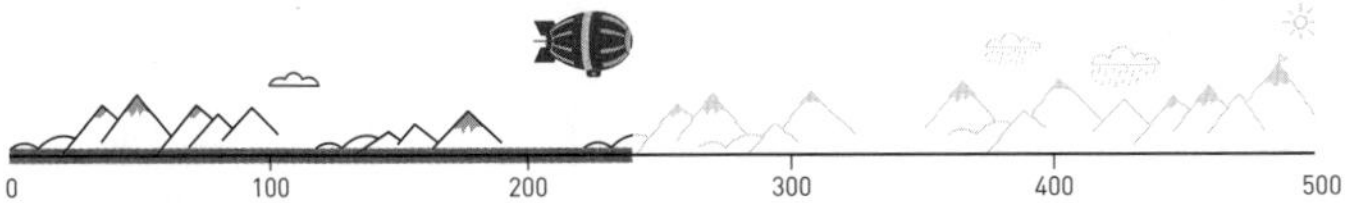

The man whom I believed to be honest deceived me.

❷ 先の **236** との違いは believe の用法です。**236** は<believe (that) 完全文>という第 3 文型で，この **237** は **believe O to be C「O を C だと信じている」**という第 5 文型で用いられています。動詞の語法の違いが用いる関係詞の違いを生み出したわけです。

What is done cannot be undone.

❷ what が導く関係詞節は，**名詞として働き，S/O/C になります。**ここでは，what is done = the thing which is done「なされたこと」が名詞節として S（主語）になっています。

❸ 英文の直訳は「なされたことをなされていないことにはできない」です。

My mother has made me what I am today.

❷ what he was ten years ago「10 年**前の彼**」や，what Japan will be in ten years「10 年**後の日本**」なども，応用例として押さえておきましょう。

I gave him what little money I had.

❸「**少ないながらも**全ての名詞」という意味を明示するために，名詞が**不可算なら little** を，**可算なら few** を **what の直後**に置きます。ここでは「少ないながらも全てのお金→なけなしのお金」となります。

❹ what money I had = all the money that I had という書き換えも出来そうです。

241 ☐☐

この冊子が欲しい人には誰にでも差し上げます。

➔ whoever を使って

❶ give［人］［物］= give［物］to［人］（⇒**031**）
❷ ここでの **whoever V** は「**V するどんな人も**」という意味で，**名詞節**になっています。

242 ☐☐

たとえ誰が来ようとも，私はここにいないと伝えてくれ。

➔ whoever を使って

❶ ここでの **whoever V** は「**たとえ誰が V しようとも**」という意味で，**副詞節**になっています。
❷ この whoever V は **no matter who V** に置き換えられます。
= **No matter who** comes, tell them (that) I'm not here.
❸ 譲歩を表す -ever「たとえ～でも」の節中に，Whoever may come のように

243 ☐☐

始まりがあるどんなものにも終わりがある。

➔ whatever を使って

❶ 英文中の **whatever (S) V** は「**(S が) V するどんなものも**」という意味で，**名詞節**になります。

244 ☐☐

たとえ何が起ころうとも，あなたは私の友情を当てにしてもよい。

➔ whatever を使って

❶ ここでの **whatever (S) V** は「**たとえ何（を S）が V しようとも**」という意味で，**副詞節**になります。
❷ この whatever (S) V は **no matter what (S) V** に置き換えられます。
= **No matter what** happens, you can rely on my friendship.

We will give this booklet to whoever wants it.

❸ この whoever V は **anyone who V** に置き換えられます。
= We will give this booklet to **anyone who** wants it.
❹ booklet「冊子」は pamphlet も可です。

Whoever comes, tell them (that) I'm not here.

may を用いることがありますが，文語的です。
❹「誰か」のように性別不明の人を指して，以前は tell him と男性の代名詞を使うことがよくありましたが，男性か女性かの二者択一では分類できない性別（LGBT）の人への配慮などから，三人称単数を受ける代名詞として they を用いることが近年定着してきました（⇒**482**）。

Whatever has a beginning also has an end.

❷ この whatever (S) V は **anything that (S) V** に置き換えられます。
= **Anything that** has a beginning also has an end.

Whatever happens, you can rely on my friendship.

❸ rely on A = count on A = depend on A = lean on A「A を頼りにする」
❹ 冒頭文は，may を使って，Whatever may happen, …にしても構いません。以下 **245**，**246**，**247** も同様です（⇒**242**）。

245 ☐☐

たとえいかに眠くても，あなたはずっと起きていなければならない。 ⊕ however を使って

❶ **however** 形容詞 / 副詞 **S V**「**たとえいかに**形容詞 / 副詞**でも**」は**副詞節**になります。

❷ however は **no matter how** に書き換えられます。
= **No matter how** sleepy you feel, …

246 ☐☐

たとえあなたがどこに行こうとも，私はあなたについて行きます。

❶ この wherever は **no matter where** に書き換えられ，**副詞節**を導き「**たとえどこに〜しようとも**」の意味になります。= No matter where you go, …

247 ☐☐

たとえいつおいでになっても，あなたは我が家では歓迎です。

❶ この whenever は**副詞節**を導き「**たとえいつ〜しようとも**」の意味になります。**No matter when** に書き換えることもできます。= No matter when you come, …

248 ☐☐

読書の精神に対する関係は，食物の体に対する関係と同じだ。 ⊕ what を使って

❶ **A is to B what C is to D.**「**A の B に対する関係は C の D に対する関係に等しい**」は，関係代名詞 what を用いた慣用表現の一つです。

❷ この構文において，what を as にすることもできます。

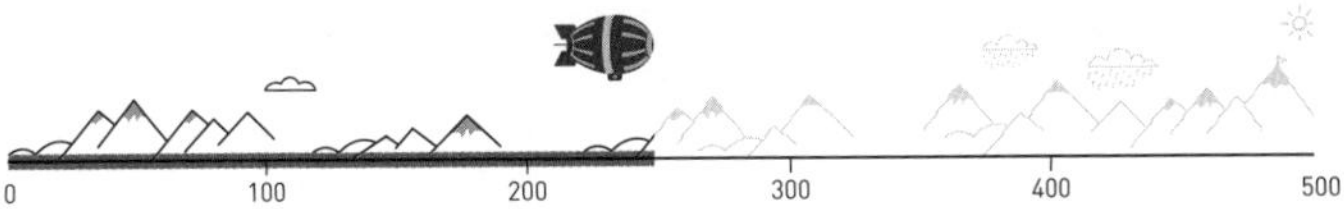

However sleepy you feel, you have to stay awake.

❸ 語句整序作文で頻出しますが，However you feel sleepy としないように気をつけましょう。
❹ feel を be 動詞の are にしても問題ありません。

Wherever you go, I will follow you.

❷ 後半は，I will go with you. も可です。

Whenever you come, you are welcome at my home.

❷ ここでの welcome は**形容詞**で「**歓迎されて**」の意。**他動詞の welcome「(人）を歓迎する」**を用いるならば，We will welcome you.「私たちはあなたを歓迎します」となりそうです。
❸ at の代わりに to，home の代わりに house も OK です。

Reading is to the mind what food is to the body.

❸ mind を「心」と訳している辞書が多いのですが，実際は**思考や記憶に関わる部位が mind** です。したがって，**heart を「心」**，**mind を「精神」**と訳したほうが，誤解がなくていいと思います。

249 ☐☐

雨やら寒さやらで，私たちは遠足を楽しめなかった。

➜ what を使って

❶ **what with A and (what with) B「A やら B やらで」** A と B には通例**よくない理由**がきます。and の直後の what with は繰り返しを避けるために省略されることが多いです。

250 ☐☐

彼はいわゆる生き字引だ。

❶ what = the thing which が基本でしたが，thing には「人」の意味もありました（⇒**239**）。このことから，**what** we call a walking dictionary = **the person whom** we call a walking dictionary「私たちが生き字引と呼ぶ人物→いわゆる生き字引」という意味になります。

251 ☐☐

彼にはよくあることだが，学校に遅れた。

❶ この as は，関係代名詞として**接続詞と代名詞 it** の働きを兼ねます。**As is often the case with A「(それは) A にはよくあることだが」**という決まった形で文頭や文末に置くことができます。

252 ☐☐

例外のない規則はない。 ➜ but を使って

❶ ここでの but は<**関係代名詞 that + not**>の働きをし，<**no + 名詞**>などの否定表現を先行詞にとることで，文全体で**二重否定の意味**になります。

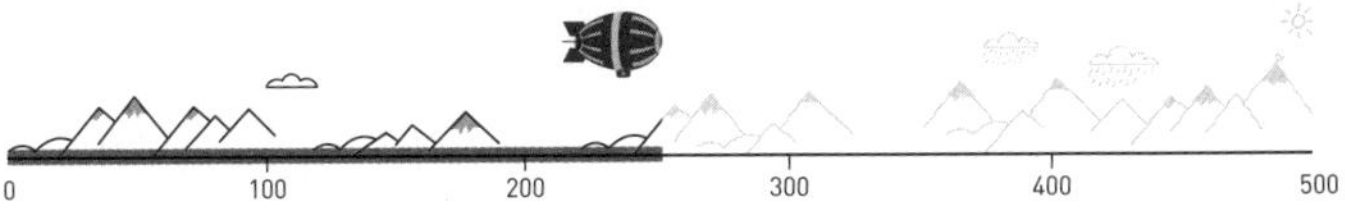

What with rain and cold, we didn't enjoy our excursion.

❷ 厳密には，この what は**副詞**で partly や in part「**ひとつには**」の意。with「～を伴うことで」は**理由**を表します。冒頭文は「ひとつは雨が理由で，そして（もう）ひとつは寒さが理由で」が直訳です。

He is what we call a walking dictionary.

❷ a walking dictionary「歩く辞書→生き字引」
❸ what we call は，これを受動態にした **what is called** でも同じ意味になります。
❹ He is a "walking dictionary." のように，「いわゆる」はクオーテーションマーク（" "）を使って表すこともできます。

As is often the case with him, he was late for school.

❷ ここでの先行詞は「彼が学校に遅刻すること」です。
❸ as is often the case with A = as is usual with A

There is no rule but has any exceptions.

❷ 冒頭文は，大学入試ではおなじみの英文ですが，日常英語でこのような but の使い方をするのは極めてまれです。より現実的かつ実用的な表現に置き換えるなら，There is no rule that doesn't have any exceptions. や There is no rule without exceptions. でしょう。

253 ☐☐

必要以上のスペースがある。 ➜ room を使って

❶「必要とされているスペース」なら room **which/that** is needed で OK でしょうが，先行詞に比較級を含んでいる場合は，**相関的に than を使う**ことになっています。

254 ☐☐

これは住むための家ではありません。 ➜ 関係詞を使って

❶ **目的語の不足した前置詞で終わる形容詞用法の不定詞**は，<名詞 前置詞 **whom/which to *do***> に書き換えることができます。この形は，2文分解を基本とする関係詞のルールが当てはまらないので，パターンで習得するより他ありません。

255 ☐☐

僕には一緒に遊んでくれる友達がいる。 ➜ 関係詞を使って

❶ 先の **254** の応用編です。a friend with whom to play = a friend to play with が成立します。

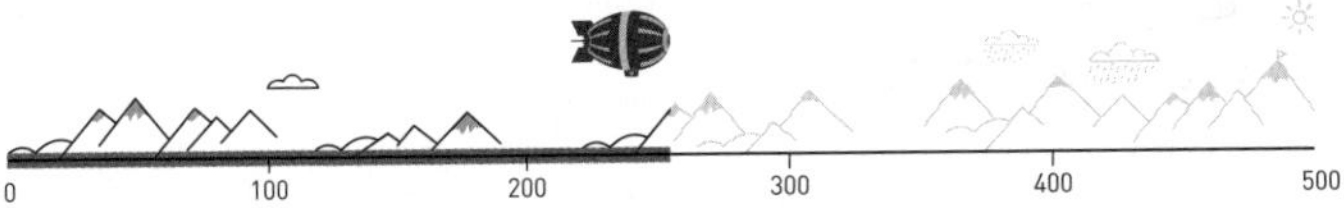

There is more room than is needed.

❷ room は可算名詞だと「部屋」，不可算名詞だと「**余地・スペース**」のこと。

This is not a house in which to live.

❷ <名詞 前置詞 whom/which to *do*> = <名詞 to *do* 前置詞> が成立するので，冒頭文ならば，This is not a house to live in. と書き換えられます。

I have a friend with whom to play.

❷ 修飾される側の名詞が **254** のように「**物**」ならば **which** を，「**人**」ならば **whom** を用います。いずれも that に置き換えることはできません。

10 接続詞 _ CONJUNCTION

256 ☐☐

彼には経験も知識もある。 ⊙ both を使って

❶ both A and B「A も B も両方とも」は相関的に用いられる接続詞の一つです。
❷ experience「経験」も knowledge「知識」も，不可算名詞なので冠詞は不要です。

257 ☐☐

君だけでなく僕も悪かった。 ⊙ not と blame を使って

❶ not only A but also B「A だけでなく B も」
❷ これが主語になるとき，述語動詞は B に合わせます。
❸ also の位置は，Not only you but I also was to blame. でも構いません。
❹ B as well as A「A だけでなく B も」を使って，I as well as you was to blame. とも言えます。述語動詞は B に合わせます。

258 ☐☐

ヘレンは，目も耳も不自由だった。 ⊙ not を使って

❶ not A or B「A も B も両方～ない」は neither A nor B と同意で，AB 両方とも否定します。

259 ☐☐

あなたかジムのどちらかがお皿を洗わなければならない。

❶ either A or B「A か B のどちらか」
❷ A or B と同じ意味ですが，二者択一をより明確にしたいときには either をつけます。
❸ either A or B が主語のときは，述語動詞を B に合わせます。ここでは Jim に合わせて has です。

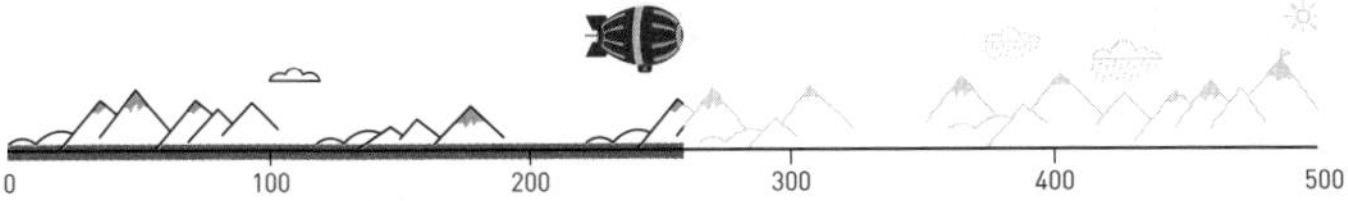

He has both experience and knowledge.

❸ both A and B は**複数扱い**です。主語になった場合には注意が必要です。

Not only you but also I was to blame.

❺ *be* to blame「**責を負うべきだ**」の *be* to は**義務**「～すべきだ」を表します。「責められるべき」なのだから blame「責める」は受動態にすべきでは？と思うかもしれませんが，これは昔 to *do* が to be *done* の代わりをしていた頃の名残です。なお，文中の was to blame を was wrong「間違っていた」にしても意味に大差はありません。

Helen couldn't see or hear.

❷ しばしば can を伴うことで，see なら「見える」，hear なら「聞こえる」という意味になります。

Either you or Jim has to do the dishes.

❹ do the shopping「**買い物をする**」や do the washing「**洗濯をする**」などで，定冠詞の the を用いるのは，買い物や洗濯をする（do）行為が人々の頭の中で共通イメージとして捉えられるからです。「皿洗いする」も同様で，the dishes「誰もが似た情景を思い浮かべる皿（洗い）という行為」を do「する」ということです。

260 ☑☑ 私は植物学，すなわち植物の研究に興味があります。

❶ <A, or B>の形で，A も B も名詞のときは，**「A すなわち B」**という**同格**の意味を表します。

❷ or には「あるいは」の意味があるので，「A あるいは B という言い方もあります」と考えるとわかりやすいかもしれません。

261 ☑☑ 彼は酒もタバコもやらない。

❶ neither A nor B「A も B も両方〜ない」(⇒**258**)

❷ drink は自動詞で使われると「酒を飲む」の意味になります。
［例］If you drink, don't drive.「飲んだら乗るな」

262 ☑☑ この通りをまっすぐ行きなさい。そうすれば左手に薬屋が見えます。

❶ **<命令文, and you will …>**で**「〜しなさい，そうすれば…」**となり，条件節に似た働きをします。

❷ 冒頭文は，If you go down this street, you will find a drugstore on the left.「この通りをまっすぐ行けば左手に薬屋が見えます」に書き換え可です。

263 ☑☑ 急ぎなさい，さもなければ終電に乗り遅れますよ。

❶ **<命令文, or you will …>「〜しなさい，さもないと…」**

❷ or は「あるいは」の意味なので，「急ぐ」あるいは「乗り遅れる」の**二択を迫っている**のです。

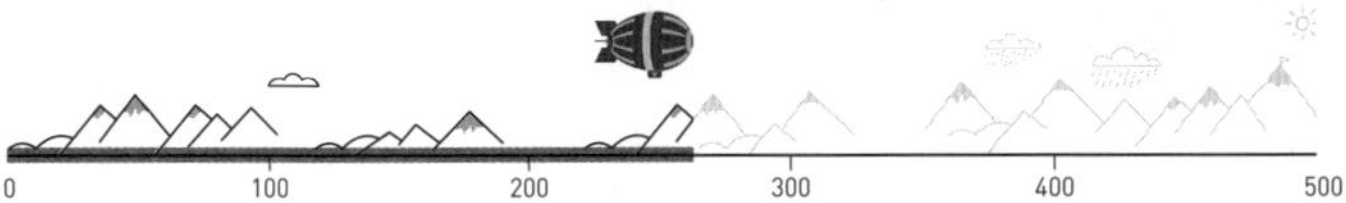

I'm interested in botany, or the study of plants.

❸ ここでは botany = the study of plants が成立しています。
❹ *be* interested in A「A に興味を抱いている」

He neither smokes nor drinks.

❸ 日本語では「酒もタバコも」の語順ですが，英語では「タバコも酒も」になります。

Go down this street, and you will find a drugstore on the left.

❸ ここでの down は決して坂道を下るわけではなく，今いる場所を「**離れる**」ことを暗示します。反対語の **up** も同様に坂道を登ることではなく，対象の場所に「**近づく**」ことを暗示します。**go は「今いる場所から離れる」**のに対し，**come は「対象に近づく」**のが基本義である（⇒**012**）ことを考えると，go は down と，come は up と相性がいいと言えそうです。なお，ここでの down と up は，どちらも意味的には along「～に沿って」に置き換えても問題ないでしょう。

Hurry up, or you will miss the last train.

❸ If you don't hurry up, you will miss the last train. に書き換え可です。
❹ miss の代わりに ***be* late for A「A に遅れる」**もありです。

264 ☑☑
私は彼に会ったことがないし，また会いたいとも思わない。
➔ nor を使って

❶ 否定文の後ろに，「**また…もない**」と否定文を追加したいときは，**<, nor + 倒置文(= 疑問文の語順)>** になります。比較的改まった言い方です。

265 ☑☑
彼女は私に腹を立てた。というのも，私が黙ったままだったからだ。

❶ <, for> は，等位接続詞として文と文の間に置かれ，**理由を補足的に説明**し，「**というのも…だからだ**」の意味になります。文語的で，口語ではあまり使われません。
❷ for は**何かを求めて向かう**イメージの語です。「彼女は私に腹を立てた」といえば，通常「なぜ？」と思うだろうから，その理由を求めて <for+ 理由の文> が続くのです。

266 ☑☑
状況は深刻だと一部の重役は知っていた。

❶ 接続詞の that は，**完全文を名詞化する**のに用います。
❷ ここでは The situation was serious.「状況は深刻だった」という文の前に that を置くことで，「状況が深刻だったということ」という意味になります。

267 ☑☑
たぶん内閣は辞職するでしょう。 ➔ chances を使って

❶ **The chances are that 節.「たぶん…でしょう」**
❷ that 節が補語に置かれるとき，that を省略する代わりにカンマ（,）をつけることがあります。冒頭文の場合，The chances are, the Cabinet will resign. です。

I have never seen him, nor do I want to.

❷ ここでは do I want to see him の下線部が繰り返しを避けるために省略されています（⇒**190**）。

She got angry with me, for I remained silent.

❸ She got angry with me because I remained silent. と意味は同じですが，<for+ 理由の文> は文頭に置くことはできません。Because I remained silent, she got angry with me. は問題ありません。

❹ この文における with は「(人)と一緒に」ではなく「(人)に対して」を意味します（⇒**365**）。

Some executives knew (that) the situation was serious.

❸ <that+ 完全文> を **that 節**と言います。ここでは that 節が，他動詞 know の目的語（O）になっています。

❹ know, think, hope, say のような日常よく用いられる動詞に that 節が続く場合，that は省略されることが多いです。

The chances are that the Cabinet will resign.

❸ 類例として，**The truth is that 節.「実は…だ」**や **The trouble is that 節.「困ったことに…だ」**なども覚えておきましょう。

268
☑☑
民主主義は，人は全て平等に作られているという信念に基づいている。

❶ 英語では，**名詞が並ぶと同格（= イコール）になります。**たとえば，Shinya Yamanaka, a professor at Kyoto University, succeeded in making iPS cells.「京都大学教授の山中伸弥さんは，iPS 細胞の作成に成功しました」という文において，2 つの名詞 Shinya Yamanaka と a professor at Kyoto University が並んで同格になっています。
❷ 接続詞 that は名詞のかたまりを形成しましたが，これが特定の名詞の直後に置かれると，名詞が 2 つ並ぶことになるため同格になります。ここでは，the

269
☑☑
考えたり話したりできるという点で，人間は動物とは異なる。

❶ that 節は名詞のかたまりなので，前置詞の目的語になれると考えがちですが，原則的には NG です。つまり of that 節や on that 節といった形は存在しません。ただし，in や except などに限り，that 節を後続させることができます。
❷ **in that 節「…という点において」「…であるから」**は，入試にはよく出ます

270
☑☑
彼女が販売員であるという点を除いては，彼女のことは何も知らない。

❶ **except that 節「…を除いては」**は，例外となる内容を補足説明します。
❷ **know nothing about A「A について何も知らない」**

271
☑☑
成功するかどうかは，あなた次第だ。

❶ whether「**～かどうか**」を意味する接続詞で，ここでは**名詞節**を導いています。
❷「～かどうか」は if 節を用いることもありますが，これは**他動詞の目的語**にしかなれません。

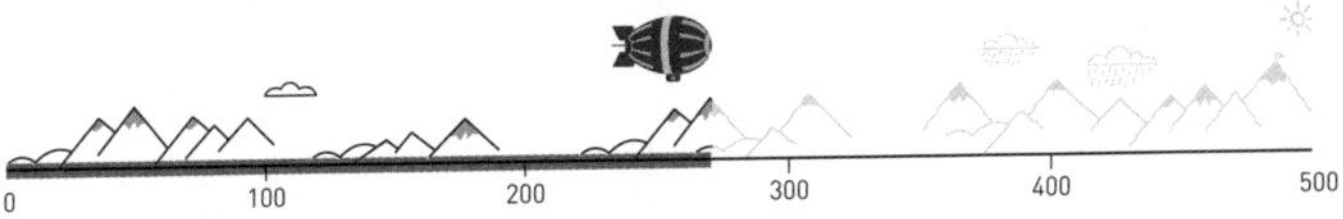

Democracy is based on the belief that all men are created equal.

belief「信念」と that all men are created equal「人は全て平等に作られているということ」が同格になっています。

❸ <the 名詞 that 完全文>で「**…という名詞**」と訳せます。

❹ 同格の that 節を従える名詞は，belief「信念」以外に，fact「事実」・rumor「噂」・idea「考え」・opinion「意見」・conclusion「結論」・evidence「証拠」・possibility「可能性」など多数ありますが，いずれも**詳しい説明を必要とする抽象名詞**だと認識しておけばいいでしょう。

Human beings differ from animals in that they can think and speak.

が，やや堅い印象を与えます。

❸ human beings「人間」は，「人間という（human）＋存在（beings）」からできた語です。他にも humans や無冠詞の man などでも「人間」を表します。

❹ differ from A = *be* different from A「A とは異なる」

I know nothing about her except that she is a sales clerk.

❸「販売員」は sales clerk や salesperson と言います。

It depends on you whether you will succeed or not.

❸ ここでの it は形式主語で，真主語が whether 以下です。whether 節を文頭に置くこともありますが，主語が長くなりバランスが悪いので，比較的まれです。

❹ depend on A = *be* up to you「A（人）次第だ」

272 ☑☑ 現金で払おうとカードで払おうと，全く問題はありません。

❶ whether A or B の形で**副詞節**として働くと「**A であろうと B であろうと**」の意。
❷ whether A or B が名詞節のときの訳「A か B か」と副詞節のときの訳「A であろうと B であろうと」は異なりますが，**どちらも二者択一**という点では同じと言えます。

273 ☑☑ 一口飲めば，気分が良くなりますよ。

❶ if が**条件を表す副詞節**を導いて「**もし～ならば**」を意味します。
❷「一口飲む」have a sip = take a sip = sip
❸ have a sip of the drink「その飲み物を一口飲む」の下線部はなくても OK です。

274 ☑☑ 明日雨が降るかどうかわからない。

❶ if が**名詞節**を導いて「**～かどうか**」を意味します。ここでは if 節が know の目的語になっています。先の **273** とは異なり，ここでの if 節は名詞節なので節内の動詞を現在形にする必要はなく，未来の出来事は will のような未来を

275 ☑☑ あなたが私に同意しなくても，私は自分の計画にこだわります。

❶ if だけで **even if「もし～な場合でさえも」**と同じ意味を表すことがあります。主節と従節の内容から判断します。
❷ even if と even though は，どちらも「たとえ～でも」と訳せますがイコールではありません。前者は「もし～ならば」の if に，後者は「事実は～なのだが」の though に，それぞれ「それでも」を意味する even が加わるからで

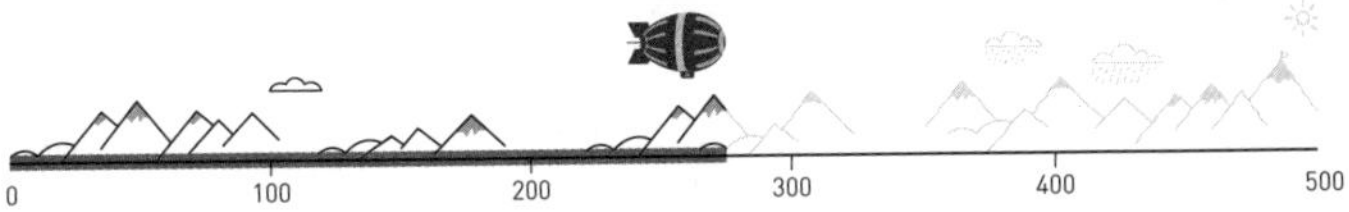

Whether you pay in cash or by[with] credit card, it makes no difference.

❸ ここでは in cash「現金で」と by[with] credit card「クレジットカードで」という 2 つの前置詞句を or でつないでいます。
❹ make no difference「違いを全く作らない→**なんら問題ない**」
❺ 文中の it は，「あなたが現金で払うこと，またはカードで払うこと」を指します。

You will feel better if you have a sip (of the drink).

❹「気分が良くなる」feel better
❺ ここでの if 節は，**未来の条件を表す副詞節**なので，節内の**動詞が現在形**の have になっています（⇒**076**）。

I don't know if it will rain tomorrow.

表す表現を用います。
❷ ここでの if は whether に置き換えることもできます（⇒**271**）。

If you disagree with me, I'll stick to my plan.

す。たとえば，even if you disagree は「あなたが同意してくれるかどうかわからないが，もし同意してくれなくても」，even though you disagree は「あなたは同意してくれていないが，それでも」という意味になります。
❸ disagree with A「A（人）に同意しない」
❹ stick to A = cling to A = insist on A「A（計画など）にこだわる」

276 ☑☑ 急な会議でもない限り，あなたのパーティーに行きます。

❶ unless「～しない限り」において，unless の節中は**例外となる唯一の条件**がきます。そういう意味において，if not「もし～でないならば」とは区別する必要があります。冒頭文では，あなたのパーティーに行けない唯一の条件が「急な会議がある」場合だけなので，たとえば「体調が悪い」場合は原則パーティーに行くことになります。

277 ☑☑ 高く昇れば昇るほど，寒くなる。

❶ 接続詞の as には様々な意味があります。**時「～とき」，理由や原因「～ので」，比例「～につれて」，譲歩「～だけれども」，様態「～のように」**などを表しますが，ここでは比例の用法です。

278 ☑☑ 彼女は若いけれども，その困難な仕事をこなす能力がある。

❶ 譲歩「～だけれども」の as は，**語順に変化**が起こります。<**形容詞 / 副詞 / 名詞 as SV**>の形になり，名詞が文頭に出るときは無冠詞に，副詞が文頭に出るときは very などが消えた形になります。
❷ Young as she is = Though she is young のような書き換えが可能です。

279 ☑☑ 私が踊るように踊りなさい。

❶ 様態「**～ように**」を表す接続詞 as の特徴は，as 以降で**繰り返しを避ける省略**が行われたり（⇒**280**），冒頭文のように**代動詞**（do, does, did）**への置き換え**がなされたりすることがよくあるという点です。ここでは dance という動詞が do という代動詞に置き換えられています。

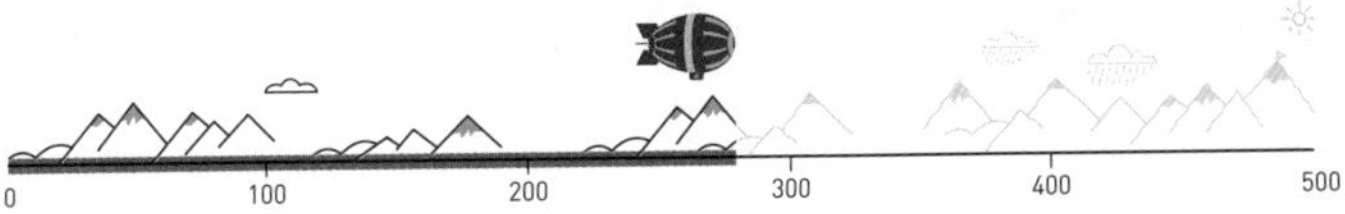

I'll come to your party unless I have an urgent meeting.

❷ come は「**対象に近づく**」が基本義でした（⇒**012**）。したがって，**話し相手の所に「行く」**場合 go ではなく come を使います。

❸ an urgent meeting「急な会議」

It gets colder as you climb higher.

❷ 比例の as の特徴は，**比較表現や変化を表す動詞を伴う**点です。ここでは colder や higher といった比較表現，また get「（ある状態）になる」のような変化を表す動詞を伴っています。

❸ ここでの high は「高く」という意味の**副詞**で，動詞 climb を修飾しています。

Young as she is, she is equal to the tough task.

❸ [類例] Child as he is = Though he is a child「彼は子供だけれども」
Much as I love him = Though I love him very much「彼のことをとても愛しているけれども」

❹ *be* equal to A「A に等しい → A に匹敵する → A をこなす能力がある」

Dance as I do.

❷ Do in Rome as the Romans do.「ローマではローマ人がするようにしなさい → **郷に入りては郷に従え**」という有名なことわざでも様態の as が使われています。

280 ☐☐

僕の部屋はそのままにしておいて。

❶ 先の **279** 同様，様態の as です。「私の部屋(my room)を今(is)そうであるように(as)放っておいてくれ(leave)」が直訳です。is の後ろには「散らかっている

281 ☐☐

京都に来たのだから，清水寺を訪ねよう。

❶ 接続詞の since は，時「～以来」と理由「～である以上」を表します。理由の意味になる場合，**話し手と聞き手の両方がすでに知っている**ことが前提になるため，文頭に置かれることが多いです。英語では，お互い知っている情報はなるべく前に持ってこようという意識が働くからです。

282 ☐☐

悪い習慣は，一度身についたら取り去るのが容易ではない。

❶ **接続詞の once** は，after とほぼ同義で「**ひとたび～したら**」という意味を表します。

❷ once の直後の it is は省略することもできます（⇒**494**）。

283 ☐☐

安全運転する限り，あなたは私の車を使ってもよい。

❶ as long as「**～である限り**」は，**唯一の条件**を表します。

❷ ここでは，「安全運転する」時間の長さと「車を利用できる」時間の長さが同じ（as long as）になるので，安全運転しなければもはや車を運転できなく

284 ☐☐

私の知る限りでは，彼女はまだ独身です。

❶ far は「**遠くに**」という**物理的な距離**を表すだけでなく，「**はるかに**」という**物事の程度**を表すこともあります。ここでは**どの程度知っているか**に関する**限度**を as far as で表して，「私の知識の及ぶ範囲内で話をさせてもらうなら」というニュアンスになります。

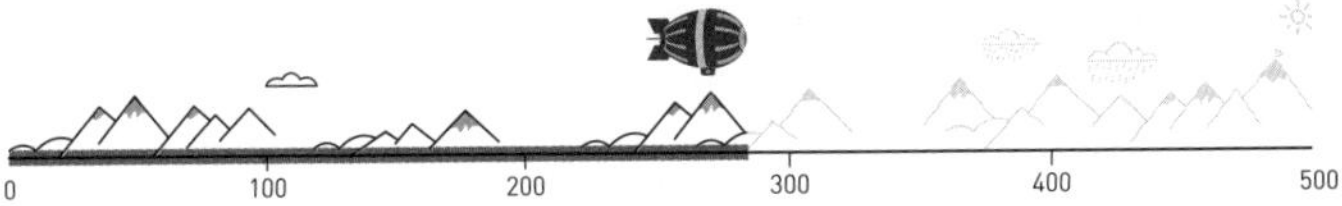

Leave my room as it is.

(messy)」や「汚い(dirty)」など，話者の間では言わなくてもわかっている形容詞が省略されています。

Since we've come to Kyoto, let's visit Kiyomizu Temple.

❷ 接続詞の as も理由を表しますが，as には様々な意味があるため，理由の説明で as を使用するのは（特にアメリカでは）避けられる傾向があります。最も誤解がないのは because でしょう。
❸「清水寺」Kiyomizu Temple / Kiyomizu-dera

A bad habit, once it is formed, is not easy to get rid of.

❸ 個人的な「習慣」は habit，社会的な「慣習」は custom です。
❹「癖がつく」form［develop/acquire/contract］a habit
❺「A を取り除く」get rid of A = shake off A = remove A

You can use my car as long as you drive safely.

なってしまいます。つまり，車を運転できる唯一の条件は安全運転をするということになるはずです。

As far as I know, she is still single.

❷ 冒頭文のように，「枕詞」として文頭で用いられることが多いです。
❸ as far as I know = to (the best of) my knowledge「私の知る限りでは」
❹ single「独身の」⇔ married「結婚している」

285 ☐☐ **もう大人なのだから，もっと分別を持つべきです。**

❶ <now (that) 節>で，「**今はもう…だから**」という理由の副詞節を導きます。
❷ an adult の代わりに，形容詞の grown-up「十分成長した」や mature「成熟した」なども OK です。

286 ☐☐ **両親が帰宅する頃には，きっと私は宿題を終えているでしょう。**

❶ 期限を表す前置詞 by「～までに」に SV を後続させることはできません。後続したい場合は，**by the time SV** の形にします。
❷ by the time は，**時を表す副詞節**を導くので，**未来の出来事を現在形で**表します（⇒**076**）。

287 ☐☐ **彼は私を見るとすぐに逃げ出した。** ➔過去形を 2 つ使って

❶「**～するとすぐに**」を表す最も一般的な接続詞は **as soon as** です。
❷「私を見た」と「逃げ出した」は厳密にいうと前者のほうが時間的に（ほんの少し）古いのですが，この構文ではどちらの動作も過去形で問題ありません。
❸ as soon as の代わりに，接続詞の the instant や the moment を使っても OK です。

288 ☐☐ **彼は私を見るとすぐに逃げ出した。** ➔過去形と過去完了を使って

❶ **no sooner ～ than …「～するとすぐに…」**
❷ この構文は，2 つの動作の時のズレに敏感です。「私を見た」ほうが「逃げ出した」よりも少し古い過去なので，前者を過去完了（had *done*）で表します。
❸ **比較級の前に no が置かれると差を打ち消します。** sooner「より早い」に no がつくことで，時間差がゼロになり，2 つの動作が事実上「同時」になります。

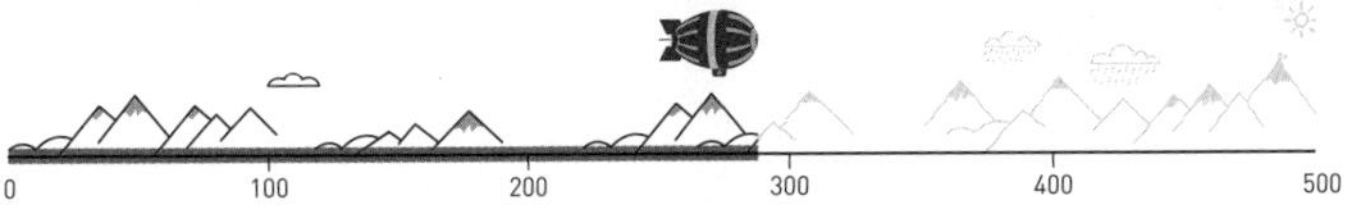

Now that you are an adult, you should know better.

❸ know better (than to *do*)「(～しないだけの) 分別を持つ」

I'll have finished my homework by the time my parents come home.

❸ by the time 節は，未来完了 will have *done* と相性がいいことを覚えておくと何かと便利です。

As soon as he saw me, he ran away.

❹ on *do*ing「～するとすぐに」を使って，On seeing me, he ran away. にしても意味は変わりません。

❺ make off「急いで逃げる」という表現も，ここで合わせて覚えておくといいでしょう。

He had no sooner seen me than he ran away.

❹ no sooner の位置に hardly/scarcely を，than の位置に before/when を置いても OK です。

= He had **hardly[scarcely]** seen me **before[when]** he ran away.

❺ この **288** で紹介した構文は，大学入試ではよく出るのですが，実生活で使われることはほとんどありません（涙）。

289 ☑☑

まもなく深刻な水不足が起こるでしょう。

❶ **It will not be long before S V.**「…までに長くはかからないでしょう→**まもなく…でしょう**」

290 ☑☑

聴衆にあなたの声がはっきり聞き取れるよう，大きな声で話しなさい。

❶ so that S can V「S が V できるように」
❷ that 節中は，can 以外に may や will なども用いられることがあります。
❸ so that の代わりに in order that も使えますが，やや堅い印象を与えます。

291 ☑☑

雨が降るといけないから傘を持って行きなさい。

➔ case を使って

❶ **in case** は「〜するといけないから」という訳語がよく見られますが，case には「場合」という意味があるので，「**〜する場合に備えて**」のほうがシンプルでいいのではないでしょうか。
❷ in case it should rain のように，in case の導く節中に「**万一**」を意味する **should** を用いることがありますが，やや堅い言い方になります。

292 ☑☑

彼女を怒らせないように，僕は言葉を慎重に選んだ。

❶ **lest S should *do***「S が〜する可能性を減らす(less)ように→ **S が〜しないように**」

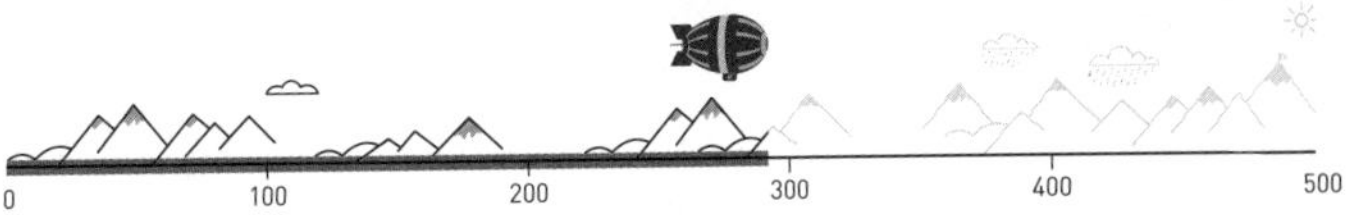

It will not be long before there is a serious water shortage.

❷ 副詞 soon「まもなく」を使って，There will be a serious water shortage soon. でも OK です。

Speak loudly so that the audience can hear you clearly.

❹ loudly = **in a loud voice**「大きな声で」
❺「～を聞き取る」を表すのに，hear の代わりに catch を使っても OK です。

Take an umbrella with you in case it rains.

❸ この英文の場合，傘を持って行くのが何に備えてかが言わなくても明確（もちろん雨ですよね？）なので Take an umbrella with you just in case. のように it rains を省略して，代わりに just を添えることが多いです。
❹ ここでの with you は「身につけて」という**携帯**を意味します。もしこれがないと，傘を取った後，それをそのまま持っておくのか，または他の誰かに渡すのかなどがわかりません。

I picked my words carefully lest she should get angry.

❷ 文語的な表現で，口語では so that S may not V や in case S V などがより一般的。
❸「選ぶ」は pick の代わりに choose も可。

293 ☑☑

妻の誕生日を忘れるといけないから書き留めておいた。

❶ for fear (that) も改まった言い方で，that 節中に should や might を用います。

❷ for fear (that) S should *do* で「S が～しないように」と訳されることが多いですが，fear「恐れ」や should「万一」を生かして「**万一 S が～することを**

294 ☑☑

意志あるところに道あり。

❶ 接続詞の when は「～するとき」の意味でよく知られていますが，**接続詞の where** となると認知度はグンと下がるようです。「**～するところに / で**」という意味です。

❷ 名詞の will は，「**意志**」のほかに「**遺言**」の意味もあります。

295 ☑☑

身なりが貧しいからといって，人を軽蔑すべきでない。

❶ 否定文に because 節が後続すると全体で「**～だからといって…ではない**」の意味になることがあります。「～だから…でない」と区別するために，because の前に just を添えることもあります。

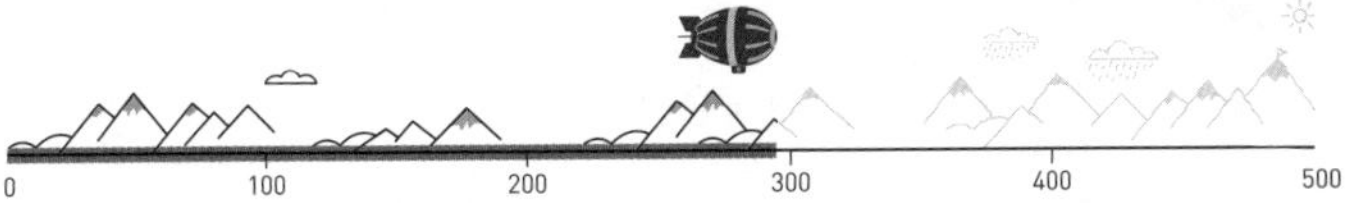

I wrote down my wife's birthday for fear (that) I should forget it.

恐れて」とストレートに解釈してみてはいかがでしょうか？

❸「Aを書き留める」write down A = jot down A = put down A = make a note of A

Where there is a will, there is a way.

❸冒頭文は有名なことわざですが，Put it back where you found it.「それを元の場所に戻しなさい」も接続詞 where を用いた代表的な例文なのでマスターしておいたほうがいいでしょう。

You shouldn't despise people just because they are poorly dressed.

❷「Aを軽蔑する」despise A = scorn A = look down on A

❸「身なりが貧しい」*be* poorly dressed

11 疑問詞 _ INTERROGATIVE

Track 11

296 ☑☑ 日本についてどう思いますか？ ⊛what を使って

❶ **What do you think of A?「A についてどう思いますか？」**
❷「どう」という日本語につられて how を用いてはいけないという入試定番の英文です。
❸ what と how の大きな違いは，what は**名詞**がわからないときに使うのに対して，how は**形容詞や副詞**がわからないときに使うという点です。

297 ☑☑ 日本をどう思いますか？ ⊛how を使って

❶ **How do you like A?「A をどう思いますか？」**
❷ これも返答例を考えてみると，I like Japan very much. のようになり，下線部の副詞句を尋ねていることになるので how を使います。

298 ☑☑ 何のためにスペイン語を学んでいるのですか？ ⊛What で始めて

❶「何のために」は，What ～ for? で表現します。理由を問う why とは微妙に意味が異なり，**目的**を尋ねます。

299 ☑☑ 貧しいとはどのようなものだろう？ ⊛What で始めて

❶ この like は動詞「～が好き」ではなく，前置詞「～のような」です。She is like a cat.「彼女は猫のようだ」のように使います。この下線部が不明な場合，名詞を尋ねる what を用いて，What is she like?「彼女はどのような人ですか？」となります。

What do you think of Japan?

❹ what か how かで悩んだら，**答えの英文を想像する**といいでしょう。冒頭文では，I think that Japan is a beautiful country. のような返答例が考えられ，下線部の that 節（= 名詞節）を尋ねているので，how ではなく what にすべきだとわかります。

How do you like Japan?

❸ Do you like A?「A が好きですか ?」で感想をたずねるのもありですが，Yes か No の一言で返答されることが多いです。なので How do you like A? を使うほうが，相手は「どのように」に反応して会話をより具体的に膨らませることができそうです。

What are you studying Spanish for?

❷ **For what** are you studying Spanish? という言い方もありますが文語的です。

What is it like to be poor?

❷ ここでは，真主語は to be poor「貧しいということ」ですが，形式主語の it を用いているため冒頭文のような形になります。

❸ What is S like?「S はどのような人［もの］か ?」
What is it like to *do*?「～するのはどのようなものか ?」

300 ☐☐ なぜあなたは昨日欠席したのですか？ ⊕ how を使って

❶ How does it come that SV？「どのようにすればSがVするということになるのか」が省略された形で，**意外な出来事に対して驚くような場面**でよく用いる**口語表現**です。ここでは，欠席など決してしなさそうなあなたが休んだという前提での発言だと考えるとわかりやすいでしょう。

301 ☐☐ あとどのくらいでコンサートが始まりますか？
—10分後です。

❶「**(今から) あとどのくらいで**」は **how soon** を使って尋ねます。
❷「**(今から) ～後に**」は **in** を用います。なお，**within** ten minutes なら「(今から) 10分以内に」となります。

302 ☐☐ 今日はとても暑いですね。

❶ 平叙文や命令文の後に付け加える疑問形を**付加疑問** (Tag Question) といいます。口語に特有の語法で，話し手が聞き手に**同意や確認を求める**のに用います。

303 ☐☐ 疲れていないのですね？ —はい，全然 (疲れていません)。
⊕ 付加疑問を使って

❶ 否定文には肯定形の付加疑問という例です。
❷ この手の付加疑問文は，返答に注意が必要です。「はい」という日本語につられて Yes と言うと，Yes, I am (tired). ということになり「疲れています」を意味するからです。疲れていないなら，否定なので No と答えましょう。

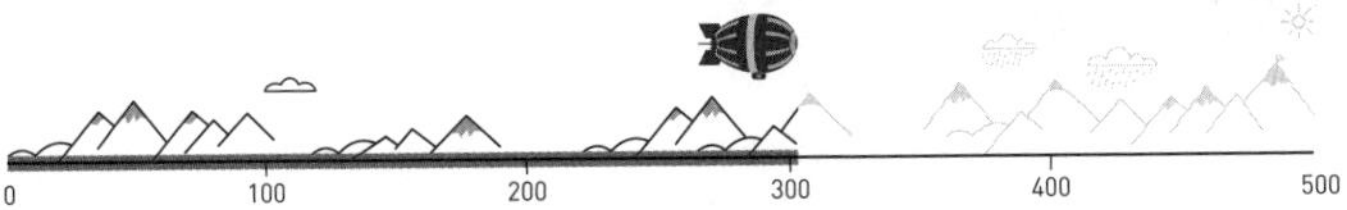

How come you were absent yesterday?

❷ why には**疑問文**が後続しますが，how come には**平叙文**が後続します。
= Why were you absent yesterday?

How soon will the concert start?
— In ten minutes.

❸ after ten minutes も，厳密には可能ですが，ネイティブは two weeks や six months のような具体的な数を伴う時間には通例 in を用いるようです。

It is very hot today, isn't it?

❷ **肯定文には否定形**，**否定文には肯定形**を付加します。

You aren't tired, are you? — No, not at all.

❸ not「～ない」に at all「全然」が加わり，否定を強めることがあります。ここでは，No, I am not tired at all. の下線部だけが残りました。

304 ☑☑

散歩に出かけるのはどうですか？ ⊛How で始めて

❶ 話し相手に何かを**提案**したり**勧誘**したりするときに **How about 名詞 /*do*ing?** を用います。

❷ それに対して，**What about 名詞 /*do*ing?** は，**未解決の問題に関して「A はどうするの？」**と言うときに使います。たとえば，海に行く計画はできている

305 ☑☑

彼女を夕食に誘ったらどう？ ⊛Why で始めて

❶ **Why don't you *do*?**「なぜ～しないの？ → **～したらどう？**」
これも口語でよく使われる**提案**の表現の一つです。Why don't you *do*? を Why not *do*? だけにすると，もっとくだけた感じになります。

306 ☑☑

お昼を一緒に食べるのはどう？ ⊛What で始めて

❶ **What do you say to *do*ing?**「～することに対してあなたは何と言ってくれますか？　もちろん YES と言ってくれますよね？→ **～するのはどう？**」は，**やや強引な勧誘表現**の一つです。

307 ☑☑

アイルランドの首都はどこですか？

❶「どこ」という日本語につられて where を使うことはできません。なぜなら，この問いに対する答えは It(= The capital of Ireland) is Dublin.「それはダブリンです」となり，名詞（ここでは Dublin）が疑問詞になるからです。

308 ☑☑

彼はどうなったのですか？

❶ **What has become of A?「A はどうなったか？」**

❷ ここでの of は「～に関して」，become は「(出来事が）起こる（=happen)」の意味です。

How about going out for a walk?

のに，まだ水着がない場合に What about our swimsuits?「水着はどうする？」といった具合に用います。

❸ 冒頭文は How about a walk? でもほぼ同じ意味です。

Why don't you ask her out to dinner?

❷ ask A out「**A(人)をデートに誘う**」は，to dinner や to see a movie などがしばしば後続します。ちなみに「**A(恋人)と付き合う**」は，**go out with A** です。

What do you say to having lunch together?

❷ ここでの to は前置詞なので，**直後は名詞か動名詞**がきます。

❸ have lunch「昼食を食べる」 together「一緒に」

What is the capital of Ireland?

❷ 疑問副詞 where は，たとえば Where do you live? — I live in Yokohama. のように，**場所の副詞（句）**を問うときに使います。

What has become of him?

❸「今から 20 年後に世界はどうなるだろう」なら，What will become of the world in twenty years? のように時制を変えることで応用もできます。

309 ☑☑

市役所がどこにあるかご存知ですか？

❶ **疑問文が名詞化した**ものを**間接疑問**といいます。間接疑問は名詞のように S/O/C になることができます。ここでは，他動詞 know の目的語（O）に間接疑問が置かれています。

❷ 間接疑問の作り方は，＜**疑問詞＋平叙文**（＝疑問文ではない文，具体的には肯定文と否定文）＞です。冒頭文では，Where is the city hall? が元の疑問文

310 ☑☑

市役所がどこにあると思いますか？

❶「…をどう思いますか？」のように **Yes や No で答えられない種類の間接疑問を含む文**は，必ず**疑問詞を文頭に出す**ことになります。先の **309** の英文と比べてみましょう。

311 ☑☑

問題は，私たちが同じようにすべきかどうかだ。

❶ そもそも疑問詞が使われていない Should we do the same way? のような疑問文を間接疑問にしたらどうなるでしょうか？　こんなときは＜**whether ＋**

312 ☑☑

そんな侮辱に，君はどのようにすれば耐えられるというのか？ ⊕どのようにしたって耐えられない！

❶ 形は疑問文なのに，相手に答えを求めるのではなく，**話し手の強い主張**となる文を**修辞疑問**（または**反語疑問**）といいます。

❷ 全ての疑問文は，文脈で修辞疑問になる可能性があります。また，修辞疑問が強い主張を表すことから**入試問題で設問に絡みやすい**ことも覚えておきましょう。

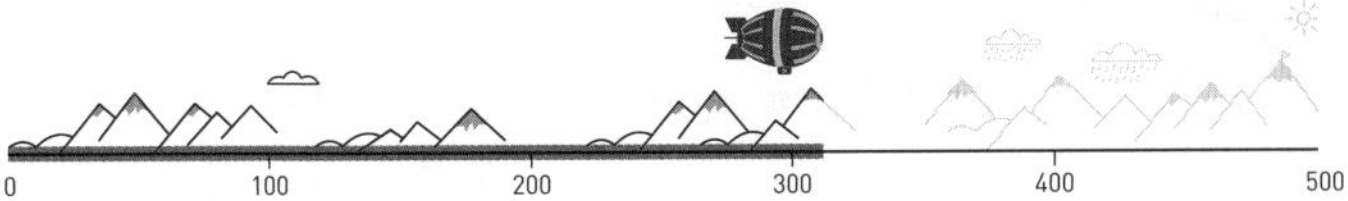

Do you know where the city hall is?

で，これを<疑問詞（where）＋存在を表す be 動詞(is)と主語(the city hall)を入れ替えて平叙文にしたもの>にすれば間接疑問の出来上がりです。

❸ もう一例。When did he leave?「いつ彼は出発したの？」を間接疑問にすると when he left です。

❹「市役所」city hall または city office

Where do you think the city hall is?

❷ 冒頭文は，Do you think …？に，間接疑問 where the city hall is がプラスされたものですが，「市役所がどこにあると思いますか？」に対して Yes, I do.「はい，私は思います」No, I don't.「いいえ，私は思いません」では答えになっていません。そこで疑問詞の where を文頭に出すのです。

The problem is whether we should do the same way.

平叙文>にします。訳は「**…かどうか**」です。これが**他動詞の目的語**に置かれた場合に限り<if ＋平叙文>にもできます（⇒**274**）。

How can you put up with such insults?

❸ この英文の話者は，相手に具体的な耐える方法をたずねているのかもしれませんが，大半の人には耐えられないはずだと内心考えているならば，「どのようにしたってそんな侮辱に耐えられるはずがない！」といった主張をしていることになります。

❹「A を我慢する」put up with A = stand A = endure A = tolerate A = bear A

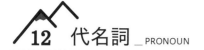

12 代名詞 _ PRONOUN

Track 12

313

私は携帯電話をなくしたので，それを買わないといけない。

❶「それ」を表す代名詞には one と it があります。one は<**a/an+ 既出単数名詞**>に，it は<**the + 既出単数名詞**>に相当します。

❷ a/an は<**複数のうちの 1 つ = 新情報**>を，the は<**共通認識できるもの = 既知情報**>を意味しました。

314

電車に傘を置き忘れた。新しいのを買わなきゃ。

❶ 先ほど，one = <a/an+ 既出単数名詞>と言いましたが，**one に修飾語（= 形容詞）がつく場合は，新たに冠詞（a/an や the）が必要**になります。

❷ ここでの「新しい傘」は，「コンビニやキヨスクに複数ある新品の傘のうちの1本」という意味なので，a new one で表します。代名詞 one に修飾語 new がついているので，冠詞の a が必要なわけです。仮に，a new one を再び電車に置き忘れた場合は，I forgot the new one in the train again!「また例の

315

電車に傘を置き忘れた。それを遺失物取扱所に取りに行かなきゃ。

❶ my のような**所有格は**，後続する名詞を限定するため，**the と同じ働き**をしていると言えます。この文において私が取りに行く傘は，「電車に置き忘れた私の（= 特定の）傘」なので，it で表します。

❷ fetch A = go and get A「A を取りに行く」

❸「遺失物取扱所に」につられて to にしないようにしましょう。実際は，遺失物取扱所から傘を取ってくるので from です。

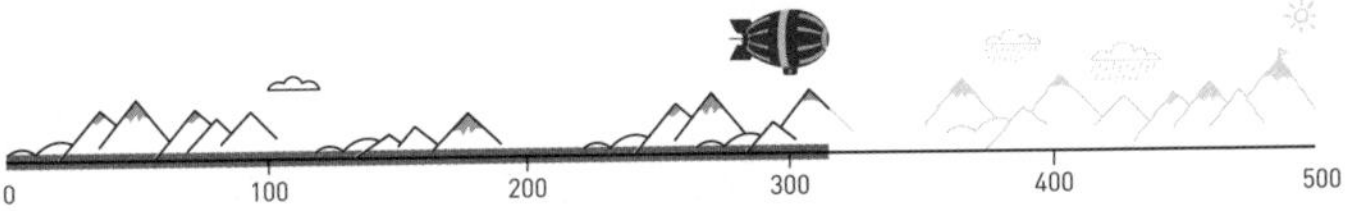

I have lost my cell phone, so I have to buy one.

❸ 冒頭文の「それを買わないといけない」の「それ」は，なくした携帯電話を指しているわけではなく，「店で売られている携帯電話のうちの１つを買う」ということなので，I have to buy a cell phone の下線部を代名詞の one にすることができます。

❹ 過去形 lost でも OK ですが，現在完了 have lost のほうが「なくしたので今困っている」といった感じが出るのでベターかもしれません（⇒**066**）。

I have left my umbrella in the train. I have to buy a new one.

新しい傘を電車に置き忘れた！」と，a が the に変わりますが，the new one が既出単数名詞なので，I forgot it in the train again! のように it にすることのほうが多いです。

❸ leave は「**そのままにして離れる**」が基本義です。ここでは，自分の傘を電車に置いたままでその場を離れる感じです。

I have left my umbrella in the train. I have to fetch it from the office.

❹「遺失物取扱所」は，a lost-and-found office または a lost property office などと言いますが，ここでは流れから the office だけで通じそうです。

❺ ここで，in a train「ある電車で」にすると，これから電車の情報を詳しく説明することになり不自然です。「電車」と聞けば「あ～電車ね」と多くの人が共通認識できるので，the のほうがベターです。

❻「遺失物取扱所」も，乗っていた電車の沿線の事務所だと常識的にわかるので the が自然です。

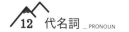

316 東京の人口は大阪の人口よりも多い。

❶ 名詞の繰り返しを避けるために<the + 既出単数名詞>の代わりに that（複数形は those）を用います。it も<the + 既出単数名詞>の代わりをすることがありますが，**it は修飾語句を伴うことなく単独で使う**のに対して，**that または those は必ず後ろに修飾語句を伴います。**

317 この帽子は小さすぎる。別のを見せてください。

❶ **another は<an + other>のこと**です。a/an は複数あるうちの 1 つ，つまり残り全部と言えない単数名詞につきます。other（複数形は others）は「他の（人・物）」の意味です。another は，**残り全部と言えない別の単数名詞**を表すのに用います。

318 知っていることと教えることは全く別物だ。 ⊛ one を使って

❶ **one ～ another …「（3 つ以上のうち）1 つは～，別のもう 1 つは…」**
❷ 複数の異なるものを順番に説明するとき，**最初の 1 つ目は one** で表します。次に，残り全部と言えない別の単数名詞を表すのは another でしたね（⇒**317**）。
❸ ここでは，「知っていること」や「教えること」以外にも，「寝ること」「食べ

319 私は車を 2 台持っている。1 台は赤で，もう 1 台は青だ。

❶ another は<an + other>のことでしたが，the other はこの an が the になった形です。a/an は**残り全部と言えない**名詞につきましたが，the は**残り全部と言える名詞**につきます。ということは，**残り全部と言える単数が the other** で，**残り全部と言える複数が the others** ということになります。

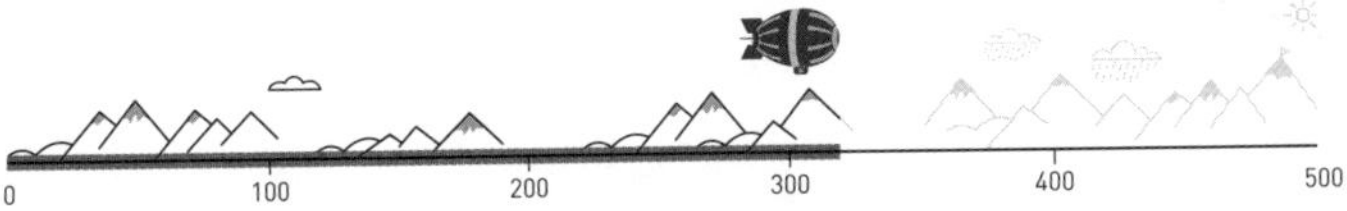

The population of Tokyo is larger than that of Osaka.

❷ ここでの that は the population の繰り返しを避けており，of Osaka という修飾語句が後続しています。

❸ **人口の「多い」「少ない」**は many, few ではなく，**large, small** で表します。

This hat is too small. Show me another.

❷ 冒頭文は，この帽子が小さすぎるので，その店にある**もう１つ別の帽子**を見せてくれ，ということです。

❸ 正確には，Show me another hat. ですが，下線部は話の流れから明白なので，普通省略します。

Knowing is one thing and teaching is quite another.

ること」「遊ぶこと」など「～すること」は多数あるので，teaching は残り全部と言えない単数と考えます。

❹ one thing に対する another thing の下線部が省略されています。

❺ もし「知っていること」や「教えること」を to 不定詞で表すと，「これから知ること」「これから学ぶこと」という意味になります（⇒**142**）。

I have two cars. One is red and the other is blue.

❷ 私の所有する車は全部で２台。最初の１台目は one でした。となると，残りはあと１台しかないから the other ですね。

❸ もし「車を全部で３台持っていて，１台が赤で，残りの２台が青だ」ならば，「残りの２台」は the others になります。

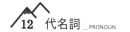

320 野球が好きな人もいれば，サッカーが好きな人もいる。

❶ some ～ others …「～するもの（複数）もいれば…するもの（複数）もいる」
❷ 複数の異なるものを順番に説明するとき，**最初の1つ目は one** で表しました（⇒**318**）。では，**最初が不特定多数**の場合はというと **some** で表します。
❸ another が an + other ならば，その複数形は an が消える代わりに複数を表す -s がつくはずです。つまり **another の複数は others** で，others は**残り全部と言えない複数名詞**を意味します。

321 村の人たちは皆，雨を待ち望んだ。 ⊕ of と long を使って

❶ 代名詞の **all「全て」**は**人にも物にも**使えます。また，**可算でも不可算でも**使えますが，可算の場合は**3者以上**になります。
❷ ここでの of は「～のうちの」を意味し，後ろには**限定集合体**がきます。具体的には，all of villagers のように，不特定な集合体を of の後ろに置くことはできないのです。**the などをつけて限定する**必要があります。

322 私の親は2人とも愛媛出身だ。

❶ 代名詞の **both「両方」**は，**2者**に用い，**常に複数扱い**です。
❷ both of my parents は，both my parents でも問題ありません。ただしこの場合は，先の all the villagers の場合と同様，both が my を飛び越えて名詞 parents を修飾する**形容詞**になります。

323 私の友人のほとんどは，SNS をやっている。

❶ 代名詞の **most「大半」**は，**可算名詞にも不可算名詞にも利用可能**です。可算名詞の場合は複数扱いで，不可算名詞の場合は単数扱いです。
❷ **321**，**322** 同様，of は「～のうちの」の意味で，限定集合体が後続します。
❸ Most young people like watching YouTube.「大半の若者はユーチューブを

Some people like baseball; others like soccer.

❹ ここでは，野球が好きな不特定多数の人たちをまず some で表しておいて，次にサッカーが好きな人は残り全部とは言えない複数の人のはずだから others で表します。

❺ **セミコロン**（;）は，**接続詞の代わり**として 2 つの文をつなぎます。冒頭文におけるセミコロンは，and や while などに置き換えられそうですが，あえて接続詞を用いないことで**読者に想像させる**効果もあります。

All of the villagers longed for rain.

❸ all of the villagers は，all the villagers としても構いません。ただしこうすると，all が the を飛び越えて名詞 villagers を修飾する**形容詞**として働くことになります。

❹ **long for A「A を待ち望む」**は，長い間(long)A を求めて向かう(for A)という意味です。

Both of my parents are from Ehime.

❸ **both A and B「A も B も両方とも」**という用法も覚えておきましょう。

❹「A 出身だ」というとき，come from A でも間違いではありませんが，「旅行で A からやって来た」という意味にも解釈されうるので *be* from A のほうが無難です。

Most of my friends use social networking services.

見るのが好きだ」のように，most には**形容詞用法**もあります。この場合，特定の若者というよりも**一般的な若者**を指します。

❹ Twitter, Facebook, Line, Instagram などでおなじみの SNS は，Social Networking Service の略です。

324 ☑☑

私は３人の大学生と話をしたが，誰もスマホを持っていなかった。

❶ none は<no + 名詞>を代名詞にしたもので，可算・不可算どちらの名詞にも使えます。また，人にも物にも利用でき，人の場合は「**誰も〜ない**」，物の場合は「**何も〜ない**」と訳します。

325 ☑☑

ここにお菓子がいくらかあります。どれを取っても構いません。

❶ any は，とりあえず「**どんな〜も**」「**どの〜でも**」と押さえておけば大丈夫です。
❷ もし You can take all. にすると「お菓子を全部取っても構いません」の意味になります。any は**選択の自由が与えられている**感じで，「(あなたが好きな) どのお菓子でも取って構いません」を意味します。
❸ ちなみに，You cannot take any. だと「どのお菓子も取ってはいけません」となるので，結果的に You can take none. と同じになります。none = no

326 ☑☑

そのことに関しては，私は何も知りません。 ⊕ not を使って

❶ any は「どんな〜も」でした。この直後に thing「こと・もの」がつくと，**anything「どんなことも」**となります。

327 ☑☑

彼らはお互いを見た。 ⊕ look を使って

❶ **each other** は**代名詞**で「**お互い**」と訳します。決して「お互いに」ではありません。「に」がつくと副詞だと誤解されてしまうからです（ちなみに僕が中学のときの教科書には「お互いに」と書いてありましたが，近年「に」が消えていました…)。
❷ him は代名詞で，「彼を見る」は look at him ですね。冒頭文は，その him の

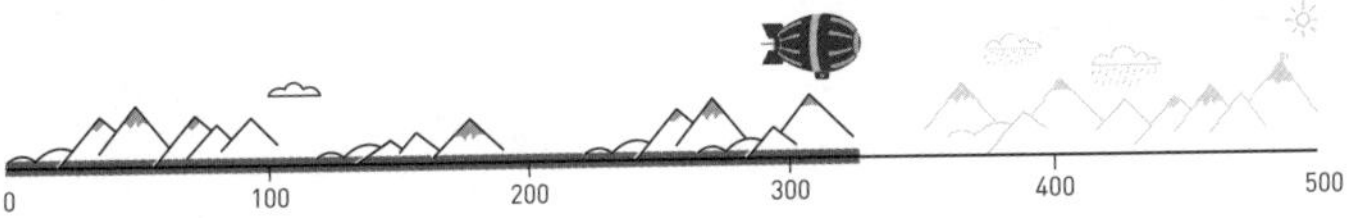

I talked to three university students, but none of them had a smartphone.

❷ ここでの none of them は「彼ら(them)のうち(of)誰も～ない(none)」という意味です。

❸ no one「誰も～ない」は none と同義ですが，人にしか使えません。また，none of ～とは言えますが，×no one of ～とは言えません。

Here are some candies. You can take any.

candies ということです（⇒**324**）。

❹「ここに A があります」Here is[are] A.

❺ **無冠詞の複数形**は**総称用法**「**～というもの**」を表します。Here are candies. だと「お菓子というものがここにある」となり不自然です。**some** は「**ゼロでもなく全部でもない，一部（の）**」「**はっきりしていない，ぼんやりした**」という意味。冒頭文では「ここにあるお菓子の数に関して，はっきり何個とは言えないけれどもいくらかはあるよ」という感覚で some を使います。

I don't know anything about that.

❷ not ～ anything なら「どんなことも～ない」で，**nothing「何も～なことはない」**と同じ意味で全部否定になります。= I know nothing about that.

They looked at each other.

場所に each other が置かれたと考えればいいでしょう。×look each other としないように。

❸「お互い」は **one another** という言い方もあります。each other は「２者」で，one another が「３者以上」に用いるなどと言われることもありますが，実際にはそのような区別なく用います。

328 ☐☐ 私は昨日，旧友の１人に会った。

❶「私の１台の車」と言いたいとき，×a my car とか×my a car とは言えません。あるいは，「この彼女の本」を×this her book や×her this book とも言いません。理由は，my や her など**代名詞の所有格は，the と同じ定冠詞の働きをする**ので，事実上冠詞が２つ並んでいることになるからです。

329 ☐☐ 一人息子を失くして，彼女は悲しみで我を忘れた。

➜分詞構文を使って

❶ 再帰代名詞 *oneself* には２つの用法があります。１つ目は，**主語の動作の対象（＝目的語）が主語自身**であることを表し，もう１つは，**主に名詞と並べて意味を強めます。** He killed himself.「彼は自殺した」は前者の例，He himself went there.「彼自らがそこへ行った」は後者の例です。

330 ☐☐ お金はそれ自体悪いものではない。

❶ **in *oneself*「それ自体では・本来は」**
❷ in itself の位置を Money in itself is not bad. としても構いません。

331 ☐☐ くつろいで，スイーツを自由に取って食べてください。

❶ **make *oneself* at home「くつろぐ」**は，自分自身（*oneself*）を自分の家に（at home）いるような状態にする（make）ということです。
❷ **help *oneself* to A「A を自由に取って飲み食いする」**は，自分自身を助けて（help *oneself*）A のところに行く（to A）ということです。

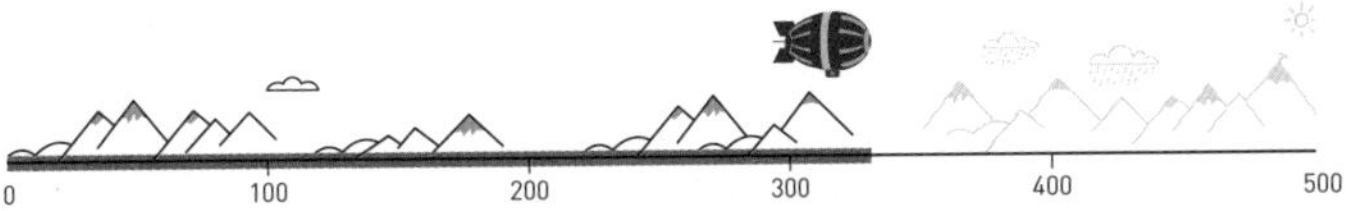

I met an old friend of mine yesterday.

❷ もし私が車を複数台持っていて，そのうちの１台を表したいときは a car of mine と言います。「この彼女の本」ならば，this book of hers です。つまり，<a/an/this/that/some/any など + 名詞 + of + 所有代名詞（〜のもの）>の形にするのです。

❸ 私に友達が複数いて，そのうちの１人を表したいときは，**a friend of mine** となります。冒頭文は，これに old が加わったものです。

Having lost her only son, she was beside herself with grief.

❷ 再帰代名詞は「〜自身」と訳されることが多いですが，**「本来の自分」**という意味もあります。ここでは，悲しみを持つことで(with grief)理性を失い，本来の自分(herself)のそばに(beside)いた(was)のだから「悲しみで我を忘れた」といった意味になります。

❸ 完了形の分詞構文 having *done* は主文との時制のずれを表します（⇒**211**）。

Money is not bad in itself.

❸ 不可算名詞がそのままで使われると総称用法「〜というもの」になりました。ここでの money も「お金というもの」の意味で使われています。

Make yourself at home and help yourself to sweets.

❸ このような再帰代名詞を用いたイディオムは他にも，**between ourselves「ここだけの話だが」**，**come to *oneself*「意識を取り戻す」**，**in spite of *oneself*「思わず，意に反して」**などがあります。

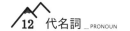

332 ☑☑ 彼にはどこか優雅なところがある。

❶ There is something 形容詞 about A.「A にはどこか形容詞なところがある」
❷ 形容詞が something, anything, nothing を修飾するときは後置修飾になります。たとえば「何か邪悪なもの」なら本来，some evil thing の語順になるはずですが，some と thing が強く結びついて 1 単語になったせいで，形容詞

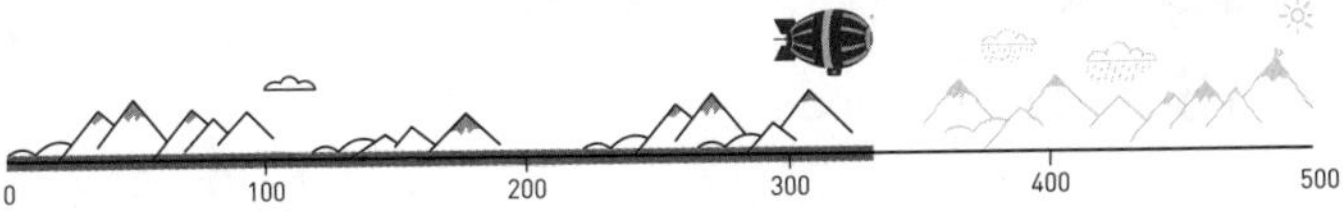

There is something elegant about him.

evil は後ろに押し出されてしまったのです。

❸ about は「周りをぼんやり取り囲む」イメージなので，ここでは彼の周りにただよう何か優雅な雰囲気を表せます。

13 名詞 _ NOUN

333 私の家族はみな元気です。

❶ 全ての名詞が，可算名詞と不可算名詞に分類できるわけではありません。両方の使い方を持つ名詞も少なくありません。

❷ family「家族」は，**ひとくくりの存在とみなす**場合は**単数扱い**に，**一人ひとりの成員を意識する**場合は**複数扱い**にする傾向があります。冒頭文は複数扱いの例で，次の英文は単数扱いの例です。My family consists of six.「私の家族は６人からなる」

334 警察は，その事故の原因を調査すると言っている。

❶「俺は今，警察に追われてるんだ！」というとき，普通１人の警官ではないはずです。そういう場合の総称としての「**警察**」は **police** で表し，**必ず複数扱い**します。ちなみに「１人の警官」は，a police officer「警官」です。

335 日本人は米を常食としている。

❶ <**the** +**形容詞**>は「**形容詞の人々**」です。
[例] the Japanese = Japanese people　the old = old people　the rich = rich people

336 彼女の部屋には家具がほとんどない。

❶ sofa「ソファ」や table「テーブル」は数えられますが，**furniture「家具」**はソファやテーブルなどの**集合体**と考えられるため**不可算名詞**です。よって，a/an や複数形の -s などがつくことはありません。

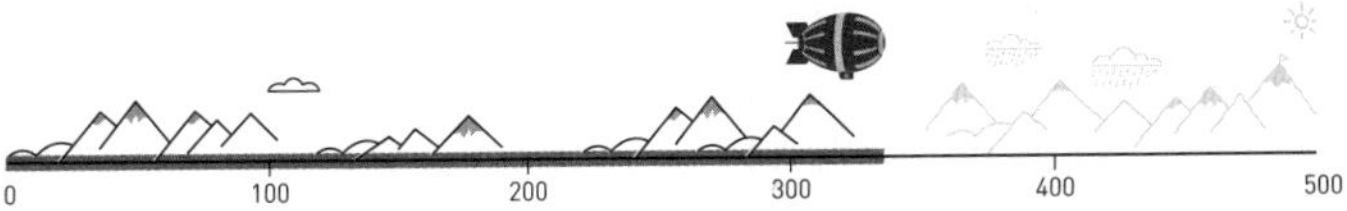

My family are all well.

❸ family タイプの名詞は他にも，class「クラス」・team「チーム」・crew「乗組員」・audience「聴衆」などがあります。

❹ **「S は全て」というときの all** は，be 動詞の後ろ，一般動詞の前に置かれます。**not と同じ位置**と覚えておいてもいいでしょう。ここでは，are not well が are all well になっているイメージです。

❺ **well** の意味は，**副詞だと「十分に」「上手に」**ですが，**形容詞だと「健康な」**です。

The police say they will investigate the cause of the accident.

❷ 類例の **cattle「畜牛」**も牛の群れをイメージさせる名詞で，**複数扱い**します。

❸ **「A を詳しく調べる」investigate A = look into A**

The Japanese live on rice.

❷ Japanese だけだと「日本語」，a Japanese だと「1 人の日本人」となるので注意が必要です。

❸ **live on A「A を基盤に生きる」** A は「お金」や「常食」などです。

There is little furniture in her room.

❷ ただし，日本でも「家具 1 点」とか「家具 3 点セット」などと言いますね。こういう場合は，家具という集合体(furniture)の中から(of)具体的な物を 1 点(a piece)とか 3 点(three pieces)を取り出すことになるので，a piece of furniture とか three pieces of furniture と言えばいいのです。

❸ furniture は不可算名詞なので，量の多少は much や little などで表します。

337 ☑☑ 上司は私に忠告を2，3与えてくれた。

❶ advice「忠告」は，具体的な形を持たない概念を表します。一般に，このような抽象名詞は，×an advice や×many advices のように，a/an や複数形の -s はつきません。
❷ ただし，先の furniture の場合同様，「私から1つ助言を」などと日本語でも

338 ☑☑ 彼女は英語が大きく進歩した。

❶ progress「進歩」も入試では常連の不可算名詞です。**make progress in A「A において進歩する」**とセットで覚えておくのがいいでしょう。
❷ a lot of は，名詞が可算でも不可算でも使用できます。

339 ☑☑ 彼らはお互いに握手した。

❶ その動作が成立するには名詞が2つ必要な表現を紹介します。
❷ **「A と握手をする」shake hands with A** は，握手をするにはそこに hand が2

340 ☑☑ ここでJR線に乗り換えてください。

❶ 電車の車内アナウンスでもよく聞かれる表現です。電車を乗り換えるには，電車がそこに2台必要なので，必ず **change trains** と複数形にします。
❷ 乗り換えてJR線に**向かっていくイメージの for** を用います。

341 ☑☑ 私は留学生と友達になった。

❶ 1人で絵を描いたり，音楽を聞くことはできますが，1人で友達になることはできません。そこで**「A(人)と友達になる」**も **make friends with A** のように複数の -s が必ずつきます。

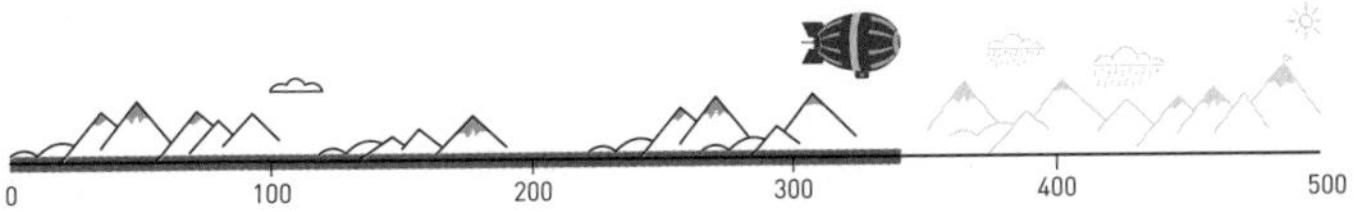

The boss gave me a few pieces of advice.

言いますね。そういう場合は，不可算名詞である advice 自体はそのままにして，そこから(of)具体的な話を１つ(a piece)とか２，３ (a few pieces)を取り出すという発想をします。つまり，a piece of advice とか a few pieces of advice と言います。

She has made a lot of progress in English.

❸ progress のような入試頻出の不可算名詞は他に，**advice「忠告」・damage「損害」・fun「楽しみ」・news「知らせ」・information「情報」・weather「天候」・homework「宿題」・behavior「行為」**などがあります。

They shook hands with each other.

つ必要なので必ず複数形にします。

❸ each other は代名詞で「お互い」と訳します。one another でも構いません。

Please change trains here for the JR lines.

❸ JR 線には多数の路線（山手線・中央線など）があるので lines と複数の -s をつけます。また，JR 線と言えば，誰もが「小田急線でも西武線でも東急線でもない，あの JR 線ね」とわかるから自動的に１つに決まる the をつけます。

I made friends with an overseas student.

❷「留学生」は形容詞用法の overseas「海外の」を使って an overseas student とします。an international student や an exchange student という言い方もあります。

342 ☑☑ 音を立てて麺をすするのは，日本では無作法ではない。

❶ manner は「やり方」の意味ですが，**manners** と -s がつくと「**行儀作法**」の意味になります。「お前は食事のマナーがなってない！」などと怒られたら，あなたは「いやいや，マナーズ！だから」と訂正してあげましょう（笑）。

343 ☑☑ お金は商品やサービスと交換することができる。

❶ good「利益」は，**goods** と複数形になることで「**商品**」という意味になります。

❷ change を exchange に変えても OK です。どちらも「**交換する**」という意味があります。なお，change には「変える・変わる」という意味もありますが，exchange にはこの意味はありません。

344 ☑☑ そのデパートは客でいっぱいだった。

❶「客」を表す名詞にはいろいろあります。**customer「買い物客」**，**guest「招待客・ホテルの客」**，**visitor「観光客・見舞客」**，**passenger「乗客」**，**spectator「スポーツなどの観客」**，**audience「劇場の観客」**などです。

345 ☑☑ このソファは，空間を取りすぎる。

❶ room は，可算名詞だと「部屋」ですが，不可算名詞だと「**余地・スペース**」の意味になります。

❷ このように，可算[C]と不可算[U]で意味が変わる名詞を紹介しておきます。

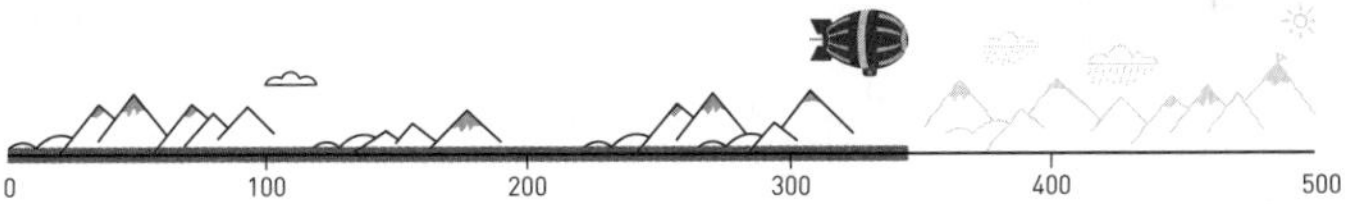

It's not bad manners in Japan to slurp noodles.

❷ slurp は「音を立てて食べる」の意。また，noodle は通例複数形で用います。

Money can be changed for goods and services.

❸ ここでは change/exchange A for B「A を B と交換する」が受動態になっています。
❹ 複数形になることで意外な意味になる名詞は，manners や goods 以外にも，force「力」→ forces「軍隊」，custom「慣習」→ customs「税関」，term「期間・条件・専門用語」→ terms「間柄」，air「空気」→ airs「気取った雰囲気」，arm「腕」→ arms「武器」などがあります。

The department store was packed with customers.

❷「A で混み合っている」*be* packed[crowded/filled] with A
❸ 日本語の「デパート」は department store と言います。depart だけだと「出発する」という動詞の意味になります。

This sofa takes up too much room.

paper は[C]だと「新聞・論文」で[U]だと「紙」，work は[C]だと「作品」で[U]だと「仕事」，glass は[C]だと「グラス」で[U]だと「ガラス」となります。
❸「(場所) を占める」は take up でも occupy でも構いません。

14 前置詞 _ PREPOSITION

346 ☑☑

天井にハエがとまっている。

❶ on は「～の上に」と教わることが多いですが，基本義は「**接触**」です。接触してさえいれば，下でも横でも関係ありません。

347 ☑☑

私は 2 月 28 日に生まれた。

❶ カレンダーを前にして「2 月に」と言えば，1 日から 28 日（閏年を除く）の中のいずれかの日のことなので，in February と言います。しかし「2 月 28 日に」と言えば，その日にちに触れることができるので，on February 28th になります。このように**特定の日にちには on** を用います。

348 ☑☑

その歴史的建造物が燃えている。 ➔ fire を使って

❶ on が，出来事が起こっている「その時」と接触すると「**～中で**」の意味になります。

❷ **on fire「燃えている」**の他にも，**on sale「売り出し中」**，**on the go「活動中」**，**on a diet「ダイエット中」**，**on duty「勤務中」**，**on the increase「増加中」**，**on strike「ストライキ中」**など多数あります。

349 ☑☑

先日，私は心理学に関する本を買った。

❶ 接触することで，その対象と関わることになるため，on には「**～に関する**」という意味もあります。ぼんやり対象を取り囲む about とは異なり，ぴったりくっつくイメージが on にあるため**専門的なことや学術的なこと**に関する場合に用います。

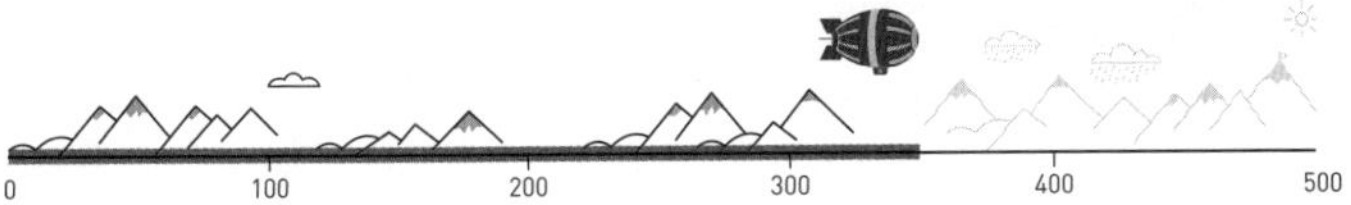

There is a fly on the ceiling.

❷ 天井にハエがとまっているということは，天井とハエが接触していることになるので on です。同様に「壁にかかっている絵画」も a painting on the wall で OK です。

I was born on February 28th.

❷ on Christmas (Day)「クリスマスの日に」や，on New Year's Eve「大晦日に」などが類例です。
❸ *be* born「生まれる」

The historical structures are on fire.

❸「歴史的建造物」の「歴史的な」は historical，「建造物」は structure, building, architecture などで表せます。
❹ もし「fire を使って」という条件がなければ，on fire の代わりに burning もありです。

I bought a book on psychology the other day.

❷ the other day「先日」

350 ☐☐ その映画スターは赤い服を着ていた。

❶ in の基本義は「～の中に」です。ここでは，映画スターが赤い服の中に身を包んでいるイメージです。
❷ red だけで「赤い服（= red clothes）」の意味になります。

351 ☐☐ 彼はここ数年健康がすぐれない。

❶ in に状態を表す名詞が続く場合，**そのような状態に置かれている**ことを表します。「～中で」と訳すこともできるでしょう。
❷ **in good health「健康である」**以外にも，**in trouble「困っている」**，**in love**

352 ☐☐ その件に関して，あなたに全面的に同意です。

❶ agree「同意する」は，後続する前置詞が with, to, on などあるので使い分けが重要です。
❷ with は「～と共に」を意味するので，**相手と同じ意見を持っている状態**を表します。to はそのイメージ「～に向かって」から，完全に満足しているとは

353 ☐☐ 私は泥棒の手首をつかんだ。 ➔ 前置詞を使って

❶ by は「～のそばに」の訳でもわかる通り**近接**を意味する前置詞ですが，２つの近いものの間を取り持つ**媒介**の意味もあります。
❷ ここでは，手首を媒介にして（by the wrist）泥棒をつかむ（grab the thief）ということ。grab the thief's wrist も正しい表現ですが，これは wrist に意味の重きが置かれ，冒頭文は the thief に重きが置かれます。

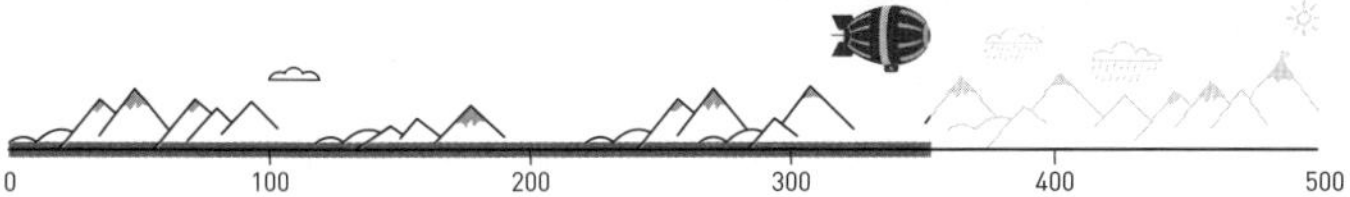

The movie star was dressed in red.

❸「赤い服を着ている」は wear red でも OK ですが，せっかくなので ***be* dressed in A「A を着ている」**という頻出表現も押さえておきましょう。どうして受動態なのかというと，かつて高貴な女性は召使いに服を着せてもらっていた（*be* dressed）からです。dress は「（人）に服を着せる」という他動詞なのです。

He has not been in good health these past few years.

「恋している」，in fashion「流行している」，in short supply「不足している」など多数あります。

❸「ここ数年」in recent years = in the last few years = these past few years

I totally agree with you on the matter.

限らないけれど，**相手の要求や条件に向かって歩み寄る動作**を表します。

❸ on は「**〜に関して**」を意味するので，**合意する具体的な項目**がきます。

❹「全面的に」は completely, fully, thoroughly なども OK です。

I grabbed the thief by the wrist.

❸ grab［人］by the［体の一部］「［人］の［体の一部］をぐいとつかむ」の類例は，look me in the eye「私の目を見る」，hit him on the head「彼の頭を殴る」などです。

❹ 体の部位には the を用いることが多いです。wrist や eye といえば，身体のどこのどんな部位なのかを共通認識できるからです。

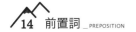

354 彼は過労のせいで死んだ。

❶ from「～から」の基本義は**起点**です。物事の起点（＝始まり）は，因果関係に当てはめるなら**原因**のことです。

355 バターはミルクから作られる。

❶ 物事の起点は，製造過程に当てはめるなら**原料**ということになります（⇒**372**）。
❷ *be* made from A「A(原料)から作られる」

356 私はバターとマーガリンの区別がつかない。

❶ from が起点すなわち出発点を表すということは，そこから離れることを意味します。これが**分離の from** です。
❷ ここでは，バターとマーガリンという似たものを並べて，両者を切り離すことで**区別する**という意味を from で表します。

357 私が驚いたことに，彼はその事実を知らなかった。

❶ to の基本義は「**到達点**」です。ある場所に向かっていくのですが，**到達したその場所にスポット**が当たります。
❷ to *one's* 感情名詞「(人) が～したことには」

358 リンダは音楽に合わせて踊っていた。

❶ to は到達することで，そこから**ぴったりくっつく**イメージ，さらには**ぴったり合っている**イメージへと広がります。ここでは，to the music で「音楽にぴったり合って」の意味です。

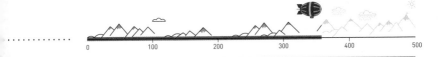

He died from overwork.

❷ ここでは，die「死ぬ」という動作の原因(from)となったのが overwork「過労」ということです。

Butter is made from milk.

❸ 冒頭文は，Milk is made into butter.「ミルクはバターに作り変えられる」に書き換えられます。**into** は「中に入る」が原義ですが，中に入ることによって起こる**状態変化**も表します。ミルクが変化してバターになるイメージです。

I can't tell butter from margarine.

❸ **tell[distinguish/know] A from B「A を B と区別する」**

❹「これはバター！　これはマーガリン！」と言えるということは，両者の違いがわかる，区別できるということなので tell は can と共に使われると「**わかる・区別できる**」と訳します。

To my surprise, he was ignorant of the fact.

❸ 冒頭文を理解するには，to my surprise を文末に移動します。「彼がその事実を知らなかった。その行き着く先が私の驚きだった」ということです。ただしこの表現は，前置きとして文頭に置かれることが多いです。

❹ *be* ignorant of A = don't know A「A を知らない」

Linda was dancing to the music.

❷ **一致「～に合わせて」**の to を使った類例は，to my liking/taste「私の好みに合って」や the key to the door「そのドアに合う鍵」などです。

359 ☑☑ コロンブスは15世紀末にインドに向かって出帆（しゅっぱん）した。

❶ for の基本義は「〜を求めて向かって」です。**to が到達点にスポットが当たる**のに対して，**for は出発点にスポットが当たる**ため，for は到達するかどうかは不明です。実際この英文からは，コロンブスがインドに到着するかどうかはわかりません。

360 ☑☑ 私はこのサングラスを80ドルで買った。

❶ この英文で，サングラスが80ドルに向かっていく(for)と，やがてその両者が**交換できる**ことを表すようになります。
❷ **buy [物] for [お金]**「[物] を [お金] と交換で買う」を，**pay [お金] for [物]**「[物] と交換に [お金] を払う」としても似た意味になります。

361 ☑☑ ジムは父親の代理でそのパーティーに出席した。

❶ 先の「交換」の for は，この英文におけるジムと父親の交換，すなわち**代理の for「〜の代わりに」**に意味が広がります。
❷ **「A(人)の代わりに」**は，**instead of A** や **on behalf of A** という言い方もあります。

362 ☑☑ 英語は私にとって重要です。

❶「私にとって」は to me か？ for me か？　両者には微妙な違いがあります。for me は，for の持つ「求めて向かう」イメージから，なんらかの**目標達成のために**，場合によってはそれが**利益につながる**ときに使います。それに対して

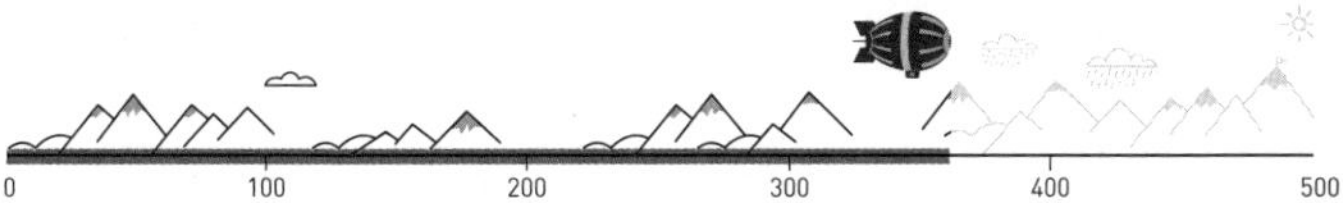

Columbus set sail for India in the late 15th century.

❷ set sail は，sail「船の帆」を set「所定の場所に据え付ける」から「出帆する」となります。

❸ late は late spring「晩春」でもわかるように，**「終わりに近い」**という意味なので，「15 世紀末」の「末」という表現にぴったりです。ちなみに late の反意語は early です。

I bought these sunglasses for eighty dollars.

❸「サングラス」はガラス(glass) 2 枚からなるので，必ず sunglass<u>es</u> と複数にします。

Jim attended the party for his father.

❸**「A に出席する」**は複数の表現があります。***be* present at A** は最もフォーマルな言い方，**go to A** は最もカジュアルな言い方，**attend A** はどちらでも使える便利な言い方です。

English is important to［for］me.

to me は，**一般的な意見を述べる**ときに用い，in my opinion などの代わりとして，文頭で使われることもよくあります。

363 ☑☑ あなたはその提案に賛成ですか？　それとも反対ですか？

❶ある意見や提案に心が向かって(for)いけば，それは**賛成**していることになりますね。「賛成」を表す前置詞は for ですが，「**反対**」を表す前置詞は **against** です。

364 ☑☑ 私はイタリア滞在中に，多くの聖堂を訪れた。

❶「(期間) の間に」を表す前置詞は during と for があります。使い分けは，<for + 不特定な期間>，<during + 特定な期間>です。不特定とは**不定冠詞** a/an などを，特定とは **the や my のような所有格の代名詞など**を伴っている

365 ☑☑ 僕が他の女の子とおしゃべりをしたので，彼女は僕に腹を立てた。

❶ with は「～と一緒に」が基本義です。一緒にいればその対象と関わることになるので，with の後ろに動作などの**対象**がくることもあります。なので，**become angry with A** は「A(人)と一緒に腹を立てる」のではなく，「**A(人)に対して腹を立てる**」となります。

366 ☑☑ その政治指導者はピストルで撃たれて死亡した。

❶ with は「～を持って」から「**～を使って**」に意味が広がります。
❷冒頭文は，shoot A to death「A(人)を銃で撃って死に至らしめる」の受動態。

367 ☑☑ その子猫は寒さで震えていた。

❶ with は，何かを伴うことによりある結果が生じた場合，**原因**を表すこともあります。

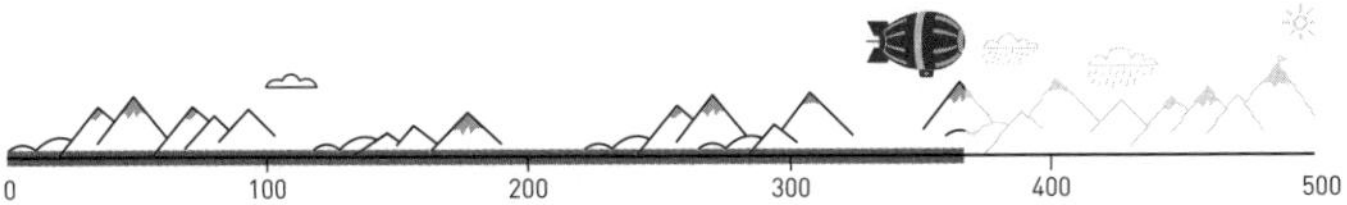

Are you for or against the proposal?

❷ 冒頭文では，for と against の共通の目的語が the proposal になっています（共通関係）。

I visited a lot of cathedrals during my stay in Italy.

ということです。なお，three days は<a day×3>と考えて for three days と言います。[例] for a long time「長い間」　for an hour「1 時間」　for ten years「10 年間」　during the summer vacation「夏休みの間」

My girlfriend became angry with me because I talked to another girl.

❷「おしゃべりする」は talk または chat で，どちらも to の代わりに with を使っても OK です。

The political leader was shot to death with a pistol.

❸「政治指導者」a political leader

The kitten was shivering with cold.

❷ ここでは，寒さ（cold）を伴うことにより（with）震える（shiver）が直訳。
❸ 類例に，with anger/rage「怒りで」・with fear「恐怖で」など。

368 ☑☑ 私は1分差で終電に乗り損ねた。

❶ by の基本義は，近接「**〜のそばに**」です。He was standing by the door.「彼はドアのそばに立っていた」がその例です。
❷「何かに近い」ということは，「僅差でそこに至らなかった」ことを暗示しま

369 ☑☑ 私たちは明日までに報告書を提出しなければならない。

❶ 提出期限が明日のそばにあるということは，明日に迫っているとも言えます。ここから by は**期限「〜までに」**を表すことになります。**継続の until/till**「〜

370 ☑☑ 私は電車で通勤している。

❶ 2つの物体が近い位置にあると，その間に重力のようなものが働きます。これが2つをとりもつ**媒介「〜によって」**の by になります。新郎と新婦の間に入って2人をとりもつ仲人のようなイメージと考えてもいいでしょう。
❷ この「〜によって」はやがて**手段**を表すようになります。ここでは電車という交通手段を表しています。**無冠詞で用いる**のは，どの電車なのかを伝えるわけ

371 ☑☑ 玉子はダース単位で売られている。

❶ 手段の by は，場合によっては販売手段となる**単位**を表します。**<by the 単位を表す語>**にします。

372 ☑☑ この机は木でできている。

❶ of の基本義は「**飛び出て離れる**」です。
❷ ここでは，木材から机が飛び出すイメージです。

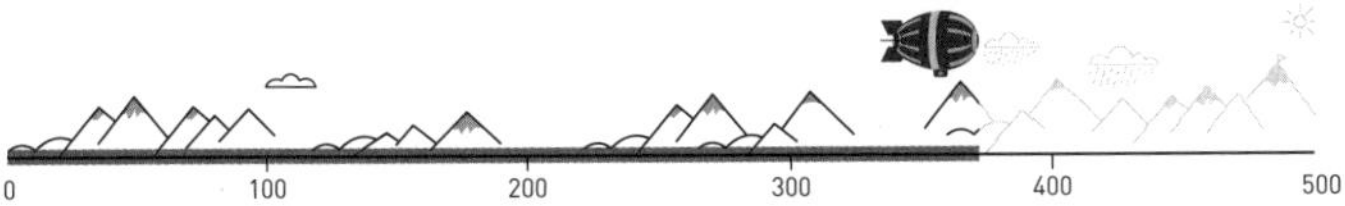

I missed the last train by a minute.

す。そこから by は「**〜差で**」を表すことになります。ここでは，おしくも終電に１分差で乗り遅れたということです。

❸ miss the train「電車に乗り遅れる」⇔ catch the train「電車に間に合う」

We have to submit the report by tomorrow.

までずっと」とは全く別物ですね。

❷「A を提出する」submit A = hand in A = turn in A

I commute to work by train.

ではないので，そもそも冠詞をつける意味がないためです。

❸ commute には「通勤する」と「通学する」の意味があるので，前者の意味をはっきりさせたいときは commute to work と言えばいいでしょう。「通勤する」は go to work でも構いません。

They sell eggs by the dozen.

❷ **by the dozen「ダース単位で」**以外にも，by the gallon「ガロン単位で」・by the week「週単位で」・by the meter「メートル単位で」などがあります。

This desk is made of wood.

❸ from は**原料**を後続させしました（⇒**355**）が，of は**材料**です。両者の違いは，オリジナルの物体の性質から変化するか否かです。ミルクは性質を変えてバターになりますが，机は木材の性質をそのまま生かして作られますね。

373 ☑☑ 私たちのうち５人が，その交通事故に巻き込まれた。

❶ A of B で「A の材料が B」ということは，「A は B の一部」とも考えられます。これが**構成要素・部分**の of です。「**(全体) の中の [のうちの]**」と訳します。

374 ☑☑ このテーブルの脚は，思っていた以上に長い。

❶ 冒頭文は，テーブルの一部としての脚 = 脚がテーブルに属している となります。これが**所有「〜が持つ・〜に属する」**の of です。

375 ☑☑ ボランティアたちが，屋根の雪を取り除いてくれた。

❶ A of B（A も B も名詞）において，A と B は「**A から B が分離する**」か「**B が A に帰属する**」の関係になります。冒頭文は前者のケースで，屋根から雪が分離することを表します。

376 ☑☑ 彼女は両親に無事に到着したことを知らせた。 ➜ of を使って

❶ 冒頭文は，A of B における「B が A に帰属する」パターンで，無事に到着したという知らせが両親に帰属することを表します。

❷ **inform A of B「A(人)に B(事)を知らせる」**の類例は，**convince A of B「A(人)に B(事)を納得させる」**や **remind A of B「A(人)に B(事)を思い出させ**

377 ☑☑ 中世に多くの人が疫病で亡くなった。

❶ 別れの場である卒業式は，一人ひとりにとっては新たな出発点と考えることもできます。そして物事の始まりは原因に通じます。これが**原因の of** です。

❷ **die of A「A（が原因）で死ぬ」**

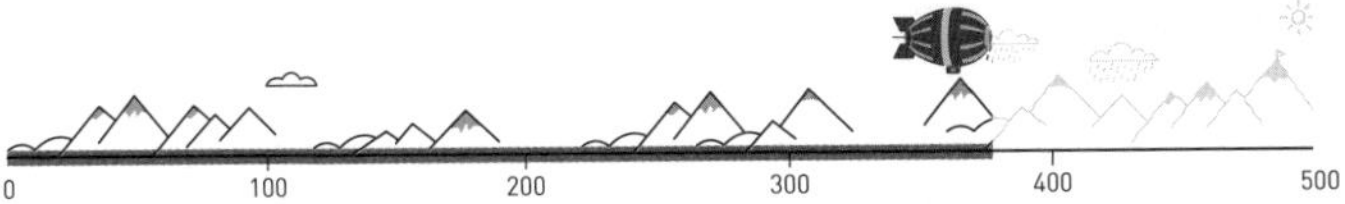

Five of us were involved in the traffic accident.

❷ ここでは us が全体集合で，そのうちの(of) 5 人(five)ということになります。
❸ *be* involved[caught] in A = get into A「A に巻き込まれる」

The legs of this table are longer than I expected.

❷ the top of the mountain「山の頂上」と言えば，「山に属している頂上」というイメージです。
❸「思っていた以上に～」比較級 + than I expected/thought

Volunteers cleared the roof of snow.

❷ clear A of B「A から B を取り除く」の類例は，rob/deprive A of B「A(人)から B(物)を奪う」・cure A of B「A(人)から B(病)を取り除いて治す」などです。

She informed her parents of her safe arrival.

る」などです（⇒**491**)。
❸ 冒頭文は以下のように that 節を使って書き換えることができますが，このとき of は不要です（⇒**269**)。
= She informed her parents that she had arrived safely.

A lot of people died of the plague in the Middle Ages.

❸ die from A もほぼ同意ですが，die from a wound「傷がもとで死ぬ」のように**間接的な死因**が多いようです。
❹ the Middle Ages「中世」を，middle age「中年」や middle-aged「中年の」と勘違いするケースが見られるので気をつけましょう。

378 ☑☑ その小包が到着するのが私には待ちきれなかった。

⊙ of を使って

❶ 自動詞が名詞化したもの of A「A が～すること」 **主格関係の of** と言います。
❷ ここでは自動詞 arrive「到着する」が名詞 arrival「到着」になっているので，直後の of は「～が」と訳せます。

379 ☑☑ ノーベルがダイナマイトを発明したことを私たちはみな知っています。 ⊙ of を使って

❶ 他動詞が名詞化したもの of A「A を～すること」 **目的格関係の of** と言います。
❷ ここでは他動詞 invent「～を発明する」が名詞 invention「発明」になっているので，直後の of は「～を」と訳すと自然な日本語になります。

380 ☑☑ あなたが彼をだましたという事実を私は決して忘れない。

⊙ of を使って

❶ of の前後に置かれる名詞にイコール関係が成立するとき，それを**同格の of** と言います。A of B で「B **という** A」と訳すことができます。例を挙げると，the city of Atlanta「アトランタという街」，the problem of global warming「地球温暖化という問題」などです。

381 ☑☑ その犬はフェンスを跳び越えた。

❶ over の基本義は「**弧を描くように**」です。

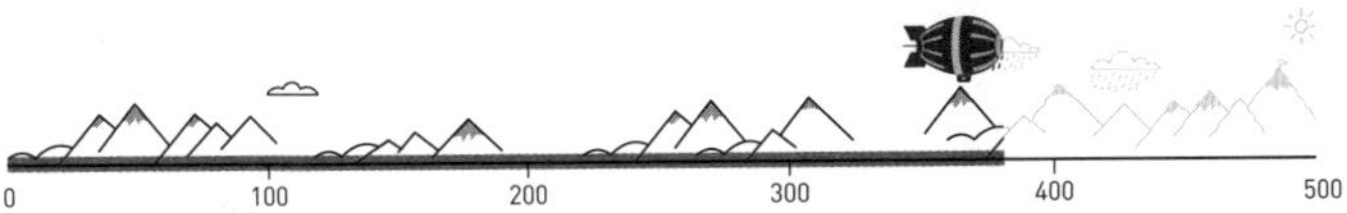

I couldn't wait for the arrival of the package.

❸ I couldn't wait for the package to arrive. に書き換え可です。

We all know Nobel's invention of dynamite.

❸ We all know (that) Nobel invented dynamite. に書き換え可です。

I'll never forget the fact of your having deceived him.

❷ 名詞 of *do*ing「～するという名詞」の形で，of の後ろに動名詞がくる同格表現もあります。冒頭文は，完了形の動名詞（having *done*）に，その意味上の主語 your が絡んだ形です（⇒**144**，**147**）。

The dog jumped over the fence.

❷ ここでは，弧を描くように(over)フェンス(the fence)を跳ぶ(jump)ということ。

382 彼らはコーヒーを飲みながら，その契約について話をした。

❶ この状況を横から見ると，２つのコーヒーカップの上を２人が弧を描くように向かい合っているように見えるため，over coffee で「コーヒーを飲みながら」となります。**従事「～しながら」の over** と言います。ちなみに over dinner なら「食事をしながら」です。

383 その郵便局は，この道路の向かいにある。

❶ across の基本義は「**横切って**」です。
❷「この道を横切ったところ，つまり道路を横断したところに郵便局がある」という意味です。

384 その予算案は討論中だ。

❶ under の基本義は「**何かの下に**」です。
❷「何かの下」ということは，まだ表面に現れていない，つまり「**未完の**」と意味が広がります。

385 子供たちは暗い森を走り抜けた。

❶ through は「**空間を通り抜ける**」です。ここでは，森を走って通り抜けるイメージです。
❷ through は通り抜けるイメージから，from Monday through Friday「月曜から金曜まで」のように，「平日を通してずっと」という使い方もあります。

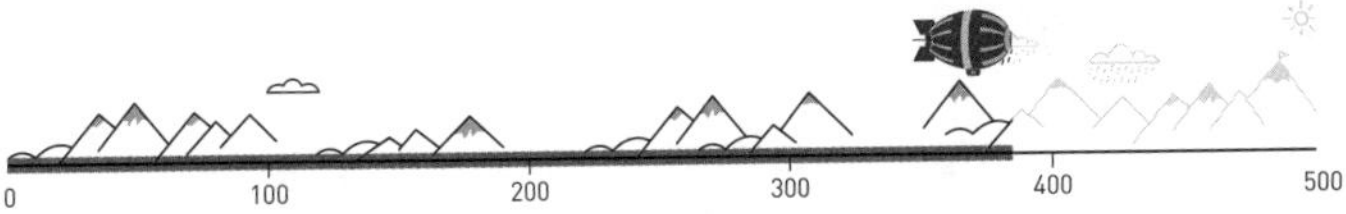

They talked over the contract over coffee.

❷「その契約をめぐって話し合う」と言えば，２人の発言が弧を描くように契約の上を行き来するイメージ。**関連「～に関して」**の over です。

The post office is across this road.

❸ swim across the river「川を泳いで渡る」のように，共に用いる動詞によっては動きが加わることもあります。

The budget bill is under discussion.

❸ under discussion は，議論がまだ終わっていないことから「討論中の」となります。

❹ 他にも，under construction **「建設中の」**・under consideration **「検討中の」**・under investigation **「調査中の」**など類例は多数あります。

The children ran through the dark woods.

go through poverty「貧しさを経験する」なら，「貧困という名のトンネルを進む」イメージです。

❸ child の複数形は children です。×childs とは英国のごく一部の地域以外では言いません。

386 ☑☑

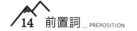

そのレストランは，日曜以外は毎日営業している。

❶「～を除いて」は but より except のほうが強意です。どちらも **all, every, each, no などのつく全体集合の名詞**に後続します。ここでは，Sunday を含む全体集合が every day です。

387 ☑☑

その景色の美しさは言葉では言い尽くせない。

❶ beyond は「**超えて**」が基本義です。「超人」と言えば，人間を超えた能力の持ち主のこと，もはや人間ではない存在です。つまり beyond は超えることで否定的な意味が生まれます。ここでは，描写（description）を超える（beyond）ことで，「**描写できない**」という否定的な意味になっています。

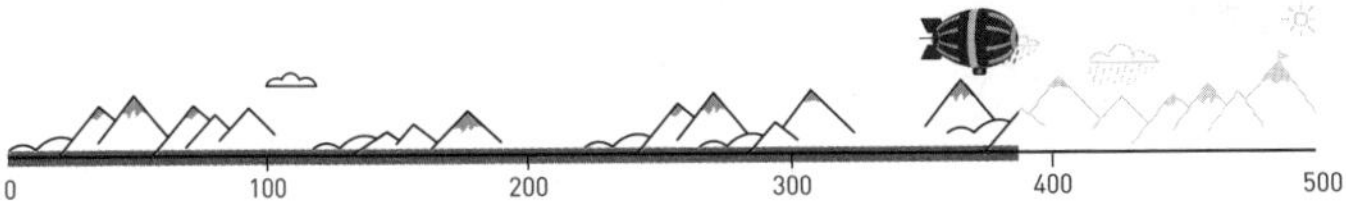

The restaurant is open every day except Sunday.

❷ 同じ意味の **except for** は，Your paper is great except for a few mistakes.「君の論文は間違いが少しあるものの素晴らしい」のように必ずしも全体集合の名詞が前になくても使えます。また，文頭に置けるのも except for だけです。逆に except しか使えないケースは，前置詞句や if 節などが後続する場合です。

The beauty of the scenery is beyond description.

❷ 類例は，beyond comprehension「理解できない」・beyond control「手に負えない」・beyond any doubt「何の疑いもなく」・beyond belief「信じられない」など多数です。

15 否定 _ NEGATION

388 ☐☐ その問題を解けた学生は誰もいなかった。 ⊕ No で始めて

❶ **not は副詞，no は形容詞**です。ここでは名詞 students を否定する形容詞 no で修飾します。

❷ no は可算名詞も不可算名詞も修飾できますが，可算名詞の場合，後続する名詞は単数形でも複数形でも構いません。

389 ☐☐ 君のことを 1 日だって考えない日はなかった。 ⊕ Not で始めて

❶ 副詞の not が冠詞の a を否定するため「**一つも〜ない**」という**強い否定**を表します。not a single day のように single を加えると，なお一層否定の意味が強まります。

390 ☐☐ 彼らのうち，全員がその会合に出席したわけではなかった。

❶ **all, every など全体を表す語に not** がつくと「**全てが〜なわけではない**」という意味の**部分否定**になります。

391 ☐☐ 彼らのうち，誰もその会合に出席しなかった。

❶ none は<no + 名詞>のことで，「**全て〜ない**」という意味になる**全体否定**の代名詞です。

❷ none は**可算名詞にも不可算名詞にも使えます**が，可算名詞の場合は **3 者以上**が対象です（⇒**393**）。

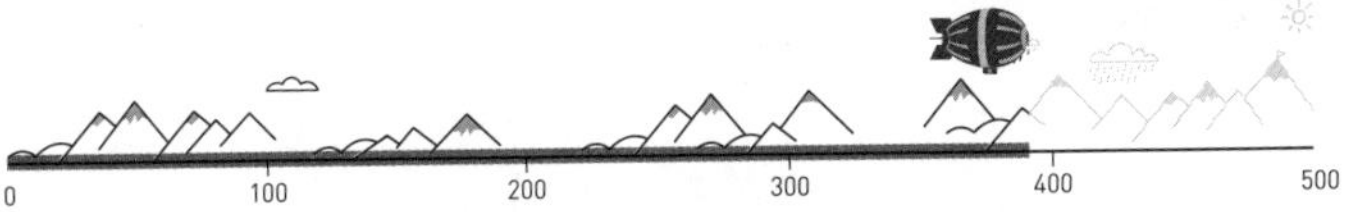

No students were able to solve the problem.

❸ was able to は「過去に１回限りできた」，could は「過去にそういう能力があった」という違いがありました（⇒**079**）。ここでは前者がふさわしいでしょう。

❹ ×Any students were not able to solve the problem. は間違いです。not ～ any という語順はありますが，any ～ not はありません。

Not a day has passed without thinking of you.

❷「君のことを考えずに過ぎた日は１日だってなかった」が直訳。

Not all of them attended the conference.

❷ ここでの of them は「彼らのうち」で，構成する集合全体が of に後続します（⇒**373**）。

❸ attend a conference/meeting「会合に出席する」

None of them attended the conference.

❸ また none は，**人にも物にも使えます**。人の場合は，nobody や no one と同じ意味になります。

392 ☑☑ 彼女はその事故で両足とも骨折したわけではなかった。

➔ 部分否定

❶ 両方を表す both に not がつくと「両方とも～なわけではない」という部分否定になります。

393 ☑☑ 私の両親は2人とも運動会には姿を見せなかった。 ➔ 両方否定

❶ 2者の両方とも否定するときは，neither を用います。
❷ neither = not either なので，冒頭文は Not either of my parents …と書き換え可です。
❸「運動会」は athletic meeting と英訳されることがありますが，ネイティブに

394 ☑☑ 金持ちが必ずしも幸せとは限らない。

❶ always「いつも」の前に not がつくと，部分否定「いつも～とは限らない」になります。not necessarily もほぼ同義です。

395 ☑☑ ゴッホの絵画を生前に買った人はほとんどいなかった。

➔ ゴッホ（Gogh）

❶ few は可算名詞が「ほとんどない」ときに使います。very で否定の意味を強めることもできます。

396 ☑☑ 彼が回復する見込みはほとんどない。 ➔ of を使って

❶ little は不可算名詞が「ほとんどない」ときに使います。これも very などで否定の意味を強められます。
❷ a little だと「少しはある」と肯定のニュアンスになります。

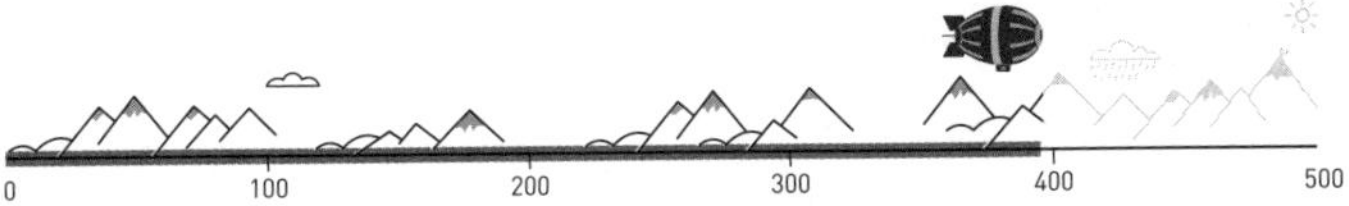

She didn't break both legs in the accident.

❷「その事故で」の「で」は，事故に巻き込まれるイメージから，by ではなく in にします。

Neither of my parents showed up at the sports festival.

は陸上競技について会議室で話し合っている光景が連想され，やや不自然なようです。sports festival が最も無難でしょう。

❹ showed up at [to]「～に姿を見せた」は，appeared at や came to でもかまいません。

The rich are not always happy.

❷ もし全体否定したい場合は，The rich always aren't happy.「お金持ちはいつも幸せではない」のように，not を always の後に置きます。

❸ the rich = rich people

Few people bought Gogh's pictures before he died.

❷ a few だと「**少しはある**」「2，3 の～」となります。

❸「生前に」は during his lifetime や while he was alive などもありです。

There is little hope of his recovery.

❸ ここでは同格の of が使われています（⇒**380**）。hope の具体的内容が his recovery です。

❹ 同格の接続詞 that を使って There is little hope that he will recover. も可。

397 ☐☐ ニックはめったに教会に行かない。

❶「めったに〜しない」という回数の割合（= 頻度）は **seldom/rarely** で表現します。

❷ 頻度の副詞は次の順で頻度が下がります。always「いつも」> usually「たいてい」> often/frequently「しばしば」> sometimes「ときどき」>

398 ☐☐ キャンパスには学生がほとんどいなかった。 ⊛hardly を使って

❶「ほとんどない名詞」hardly[scarcely] any 名詞 = few[little] 名詞

❷ **副詞** hardly/scarcely「ほとんど〜ない」が形容詞 any「どんな〜も」を修飾することで，後続する名詞がほとんどないことを表せます。可算にも不可算にも使えます。

399 ☐☐ 私はファストフードをほとんど食べることがない。 ⊛hardly を使って

❶ 副詞の hardly/scarcely「ほとんど〜ない」が副詞の ever（= at any time）「どんなときも」を修飾して，seldom/rarely と同じ意味になります。

400 ☐☐ 君が遅刻してもまったく問題ない。 ⊛least を使って

❶ 最も少ない(the least)状態で(in)さえない(not)から，not 〜 in the least で「全く〜ない」という**強い否定**を表します。

❷ **類似表現の not 〜 at all** は，あらゆる(all)点において(at)ない(not)を意味し，同様に全否定となります。

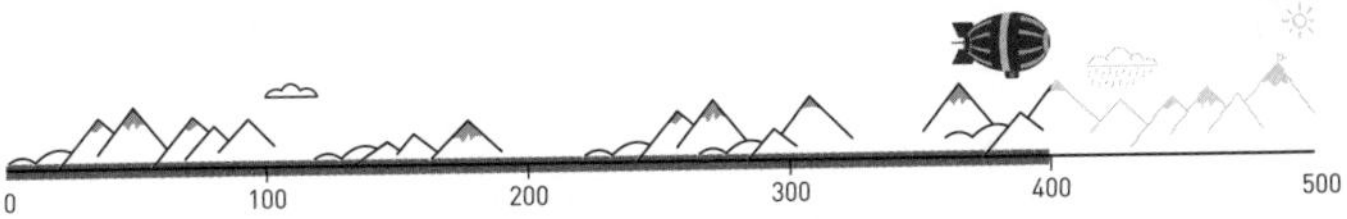

Nick seldom[rarely] goes to church.

occasionally「たまに」> seldom/rarely「めったに～ない」> never「決して～ない」

❸ ここでは church が無冠詞で使われているので，建物としての教会ではなく**そこで行われる活動全般**も含意します（⇒**004**）。

There were hardly any students on the campus.

❸ hardly[scarcely] any は後続する名詞が**可算の場合は few** に，**不可算の場合は little** に書き換えられます。なお，few や little は**形容詞**なので，後続の名詞を直接修飾することができます。

❹ 冒頭文は以下のように書き換えられます。There were **few** students on the campus.

I hardly ever eat fast food.

❷ 冒頭文は以下のように書き換えられます。I **seldom[rarely]** eat fast food.

❸ fast food「ファストフード」は不可算名詞です。

It doesn't matter in the least if you are late.

❸ matter = count「**重要である**」

❹ if が文脈で「たとえ～でも（= even if）」の意味になることがありました（⇒**275**）。

❺ ここでの it は，if 節の内容「君が遅刻してきたとしても（それは）」を先行的に指しています。

401 ☑☑

このソファは決して満足のゆくものではなかった。

➔means を使って

❶「**どんな手段を使っても**その山には登れ**ない**」は「**決して**その山には登れ**ない**」と同じ意味ですね。ここでの means「手段」は単複同形です。「1つの手段」は a means で，「2つの手段」は two means です。**by no means** は「(それを実現する）手段は全くない→**決して〜ない**」となるのです。

402 ☑☑

彼の最新の映画は，成功からほど遠いものだった。

➔from を使って

❶ **far from A**「(距離が）A からほど遠い→**決して A でない**」

❷ 意味が似ているためよく混同されるのが **free from A**「**A がない**」です。両者の違いは，far from の後ろには「**理想**」が，free from の後ろには「**無いほうがいいもの**」が来ます。[例] His composition is **free from** grammatical mistakes.「彼の作文には文法的な間違いがない」

403 ☑☑

彼は決して紳士などではない。 ➔anything を使って

❶ **anything but A**「決して A ではない」

404 ☑☑

新型のスマホはまだ発売されていない。 ➔yet を使って

❶ *be*[have] yet to *do*「まだ〜しない」

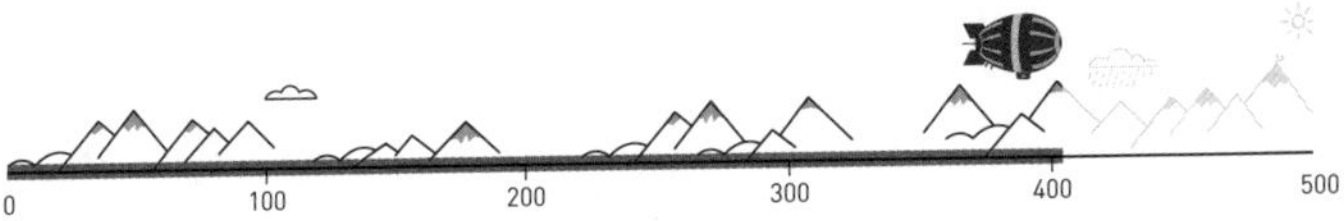

This sofa was by no means satisfactory.

❷ satisfactory と satisfying はどちらも「満足のゆく」の意味があります。冒頭文も，この両者を入れ換えても間違いではありません。ただし，両者の微妙な違いを説明しておくと，satisfying は「**人の心を満たす**」のに対して，satisfactory は「**許容基準を満たしている**」という感じです。冒頭文では，ソファに対して求める条件を全くクリアしていなかった，ということです。

His latest movie was far from a success.

❸ late「遅い」の最上級 **latest**「最も遅い→**最新の**」
❹ ここでの「成功」は，a time「時代」や a speech「演説」同様，**始まりと終わりがある**ので可算扱いし，a success と言います。

He is anything but a gentleman.

❷ but は「～以外の」，anything は「どんなものも」。ここでは，「彼が紳士以外のどんなものでもある」，つまり「決して紳士ではない」となります。

A new type of smartphone is[has] yet to be put on the market.

❷「A を発売する」put A on the market

405 ☑☑ 彼らは顔を合わせるといつも口げんかをする。

→ never を使って

❶ never … without *do*ing「〜せずに…することは決してない→…すると必ず〜する」

406 ☑☑ 確かに彼は利口ではあるが，冷酷でもある。 → doubt を使って

❶ no doubt「疑いなく・確かに」は文頭に置かれて，まるで副詞のように後続する文を修飾します。
❷ There is no doubt that S V. の下線部が省略されたと考えられます。

407 ☑☑ 健康にはいくら注意してもしすぎることはない。

❶ cannot 〜 too …「いくら〜してもしすぎることはない」
❷ 注意深くなりすぎる(be too careful)ことがありえない(cannot)のだから「いくら注意してもしすぎることはない」の意味になります。

408 ☑☑ 私のいとこは最も嘘をつきそうにない人だ。 → last を使って

❶ the last person to *do*/関係詞節「最も〜しそうにない人」
❷「嘘をつく順番でいえば最後の人」が直訳で，そこから「最も嘘をつきそうにない人」となります。

409 ☑☑ それは言い訳に過ぎない。 → nothing を使って

❶ それは言い訳(an excuse)以外の(but)何ものでもない(nothing)のだから，nothing but A で「A に過ぎない (= only)」となります。

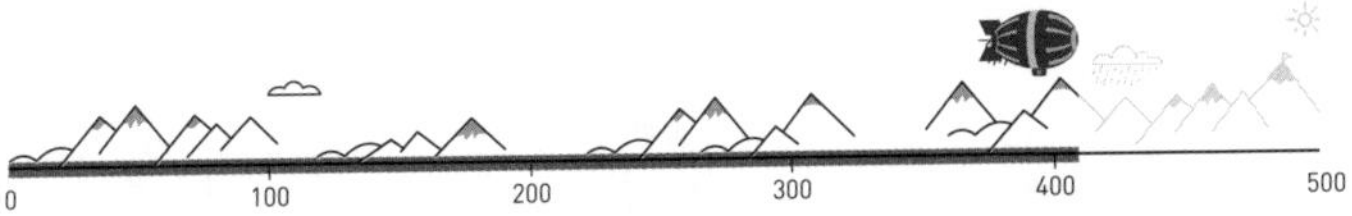

They never meet without quarreling with each other.

❷「A(人)と口げんかする」quarrel with A
❸ each other は代名詞で「お互い」です（⇒**327**）。

No doubt he is clever, but he is cruel, too.

❸ no doubt の代わりに certainly「確かに」を使って，Certainly he is clever, but he is cruel, too. としても，ほぼ同じ意味になります。
❹ cruel = ruthless = cold「冷酷な」

You cannot be too careful of your health.

❸ *be* careful に後続する前置詞は，一般に your health のような名詞の場合は of を，eating too fast のような動名詞句の場合は about を用います。

My cousin is the last person to tell a lie.

❸ He was the last person that I expected to see in the park.「まさか彼にその公園で会うとは思いもしなかった」のように，the last person の後ろに to *do* ではなく関係詞節が後続することもあります。

It's nothing but an excuse.

❷ The little girl did nothing but cry.「その小さな女の子は泣くこと以外何もしなかった→ただ泣いてばかりだった」のように，A のところに動詞の原形が置かれると「**A ばかりする**」の意味になります。

410 ☐☐ 私はその事故とはなんら関係ありません。 ⊕ nothing を使って

❶ **have nothing to do with A「A とは何も関係ない（= *be* unrelated to A）」**
❷ **have to do with A「A と関係がある」**のように，nothing なしで用いることもあります。また，nothing の代わりに much にすると「大いに関係があ

411 ☐☐ あなたの論文は申し分ありません。 ⊕ nothing を使って

❶ leave nothing to be desired「望まれることを何一つ残していない→申し分ない」
❷ 先の **410** 同様，nothing を much に変えると「望まれることを大いに残している→遺憾な点が多い」のように応用できます。

412 ☐☐ 彼女の笑顔は必ず私を元気づけてくれる。 ⊕ never を使って

❶ **never fail to *do*「必ず～する」**
❷ never「決して～ない」と **fail to *do*「～しそこなう・～できない」**の二重否定「～しそこなうことは決してない」が，強い肯定の意味「必ず～する」を生みます。

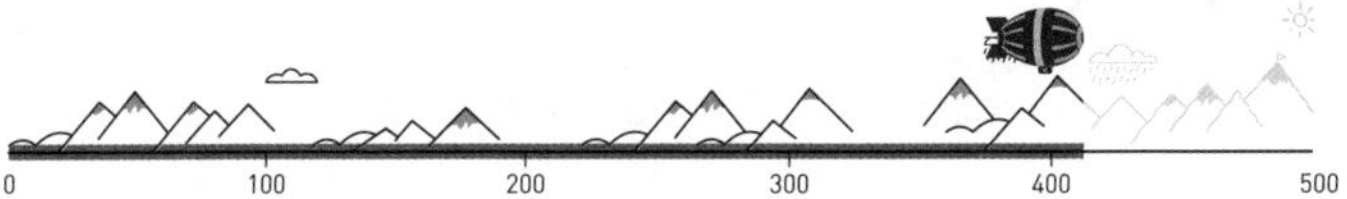

I have nothing to do with the accident.

る」，something だと「なんらかの関係がある」，little だと「ほとんど関係がない」となります。

Your paper leaves nothing to be desired.

❸ paper は，不可算名詞だと「紙」ですが，可算名詞だと「新聞」や「論文」の意味になります。なお，「学位論文」は thesis と言い，大学生がよく用います。

Her smile never fails to cheer me up.

❸ cheer A up「A(人)を元気づける」

Track 16

16 形容詞・副詞 _ ADJECTIVE, ADVERB

413 ☑☑ これは英語学習者に役立つアプリです。

❶ 形容詞は通例，名詞の前に置いてその名詞を修飾しますが，**形容詞句**の場合は名詞の後ろに置いて，**名詞を後置修飾**します。ここでは，useful for English learners「英語学習者にとって役立つ」が，意味のかたまりとなる形容詞句で，直前の名詞 an app「アプリ」を修飾します。

414 ☑☑ 彼がまだ生きているのは確かだ。

❶ 形容詞には 2 つの用法があります。**名詞を修飾する限定用法**と，**補語になる叙述用法**です。

❷ 形容詞 alive「生きている」は，叙述用法でのみ用いられます。

❸ 形容詞 certain は，**限定用法だと「ある(特定の)」**，**叙述用法だと「確信して」**という意味になります。「確実な」という意味の場合は，どちらの用法でも利用可能です。

415 ☑☑ 現在の経済状況が，その公開討論会に出席した人たちによって話し合われた。

❶ present という形容詞は，**限定用法（= 名詞を修飾する）では「現在の」**という意味に，**叙述用法（= 補語になる）では「出席している」**という意味になります。

❷ 冒頭文において，最初の present は直後の名詞を修飾する限定用法，次の present は補語となり叙述用法として働いています。

416 ☑☑ その村には野良犬がたくさんいる。

❶ **many「多数の」**は可算名詞に，**much「多量の」**は不可算名詞に用います。

❷ **a lot of = lots of = plenty of** は，可算でも不可算でも「多くの」の意味で使えます。

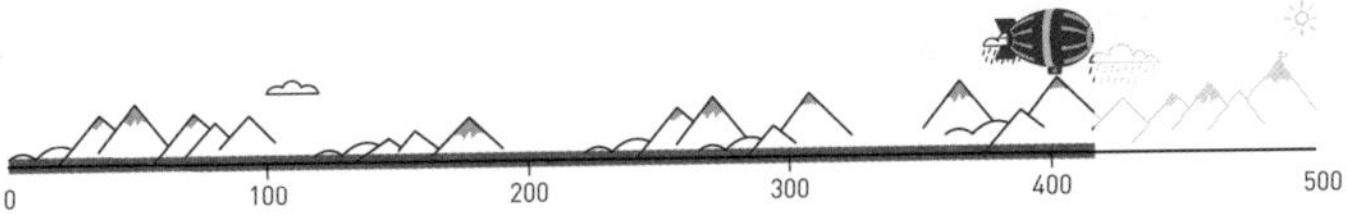

This is an app useful for English learners.

❷「アプリ」は英語で application ですが，それを略した app もよく使います。
❸「英語学習者」は learners of English でも構いません。

It is certain that he is still alive.

❹ 叙述用法にのみ用いる形容詞は，alive の他にも，**asleep「眠っている」**・**alike「似ている」**・**aware「気づいている」**・**awake「目覚めている」**など，a- で始まる形容詞が多いです。
❺ 限定用法にのみ用いる形容詞は，**only「唯一の」**・**former「前の」**・**latter「後者の」**・**main「主な」**・**utter/sheer「全くの」**などがあります。

The present economic situation was discussed by people who were present at the symposium.

❸ people who were present の下線部＜関係代名詞 + be 動詞＞が省略されて people present になることもあります。

There are a lot of stray dogs in the village.

❸ ここでの stray は限定用法の形容詞で「道に迷った・はぐれた」の意味です。
❹ = The village has a lot of stray dogs.

417 ☐☐ **私には友達がほとんどいないし，お金もほとんどない。**

❶ 名詞が「**ほとんどない**」というとき，それが**可算名詞の場合 few** を，**不可算名詞の場合 little** を用います。

418 ☐☐ **その通りの両側にはかなりの数の古本屋がある。**

❶ **quite[not] a few「かなり多数の」**
❷ a few「2，3の」「少しはある」に，強意の副詞 quite「かなり」が加わることで，「かなり多数の」となります。同意表現の not a few は，日本語で言う

419 ☐☐ **ほとんどの日本人は，ほぼ毎日コメを食べる。**

❶ ここでの **most** は**形容詞**で「ほとんどの・大半の」の意。なお，Japanese「日本人」は単複同形です。つまり，「１人の日本人」は a Japanese で，「多数の日本人」は many Japanese です。
❷ **almost** は「ほとんど」という意味の**副詞**です。ここでは形容詞の every を修飾しています。most と意味が似ているので，きちんと区別しましょう。

420 ☐☐ **この道路は交通量が多い。**

❶ heavy は単に重さが「重い」だけでなく，**量や程度がすさまじい**場合にも使います。
❷ 交通量（traffic：不可算名詞）が「多い」場合は heavy，逆に「少ない」場合は light を使います。

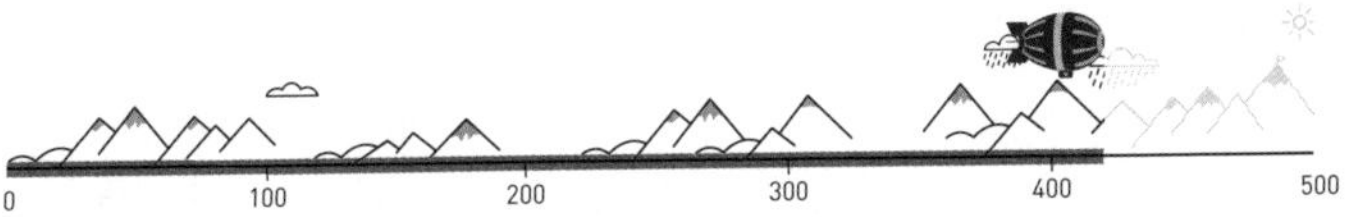

I have few friends and little money.

❷ ここでは,「友達」は可算名詞なので few を,「お金」は不可算名詞なので little を使います。

There are quite a few secondhand bookstores on both sides of the street.

ところの「少なくない＝多い」といったニュアンスです。ちなみに「**かなり多量の**」というときは, **quite[not] a little** で表します。

❸ a secondhand bookstore = a used bookstore「古本屋」

Most Japanese eat rice almost every day.

❸ every day と 2 語で表す場合は,「毎日」という意味で, 副詞句として働きます。everyday と 1 語の場合は「毎日の・日常の」という意味の形容詞になります。everyday life「日常生活」や everyday clothes「普段着」などがその例です。

There is heavy traffic on this road.

❸ 類例には, a heavy drinker「大酒飲み」・a heavy rain「大雨」・heavy damage「大損害」などが挙げられます。

421 ☑☑ 多くの学生がユーチューブで動画を見ることに夢中になっている。➜a を使って

❶ <many a + 単数名詞>で「多数の～」を意味し，**単数扱い**します。文語的な言い方です。

❷ many a student は「たくさんいるけど，その一人ひとりの学生」というよう

422 ☑☑ このエレベーターは一度に 10 人運ぶことができる。

❶ capable も able も「できる」と訳せますが，2 つ違いがあります。1 つは，able は **to *do* が後続する**のに対して，capable は **of *do*ing が後続する**という点。もう 1 つは，able は**後天的な能力**を表すのに対して，capable は**先天的**

423 ☑☑ 2 週間で 3 キロ体重を減らすことは可能だ。

❶ possible と able は意味が似ているように思われますが，able は「有能な」という意味なので**主語は人**です。一方，possible は「可能な」という意味で**主語は事**になります。ここでは，「体重を減らすこと」が主語なので able ではなく possible です。

424 ☑☑ 私は寒さに少し敏感だ。

❶ ***be* sensitive to A「A に対して敏感だ」**

❷ sense「感覚・感じる」から派生した形容詞には，**sensitive「敏感だ」・sensible「分別のある」・sensual「官能的な」**などが挙げられます。

❸ sense「感じる」+ -tive「～する力を持つ」=「敏感な」，sense「感じる」+ able「できる」=「知覚できる→わかる→分別がある」，sense「感覚」+ -al

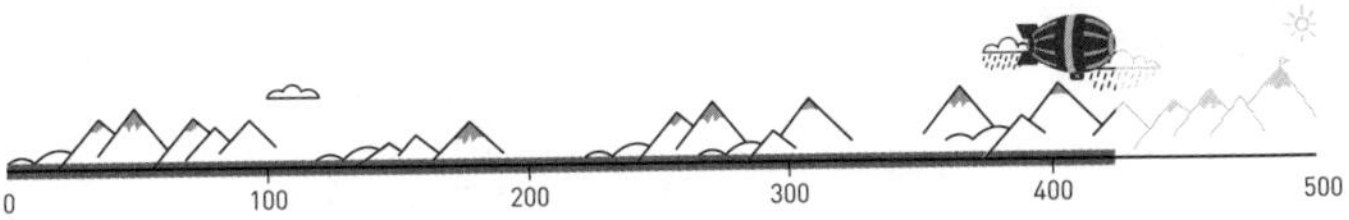

Many a student is addicted to watching videos on YouTube.

に，対象の個々に目を向けている感覚があります。一方 many students（複数扱い）は，多数の学生をひとくくりの集団として見ている感覚です。

❸「A に夢中になっている」*be* addicted to A = be into A = *be* crazy for A

This elevator is capable of carrying ten people at a time.

な能力を表すという点です。エレベーターが 10 人を運ぶ能力が後天的なはずはありません。もともと備わっている能力なので capable を使います。

❷「一度に」at a time または at one time

It is possible to lose three kilograms in two weeks.

❷「体重を増やす」gain weight ⇔「体重を減らす」lose weight

❸「体重を○○キロ増やす / 減らす」と言いたい場合は，weight の部分を具体的な重さに置き換えます。

❹「2 週間で」in two weeks（⇒**301**）

I'm slightly sensitive to the cold.

「～に関する」=「官能的な」となります。

❹「寒さ」は，不可算名詞の（the）cold や coldness などで表します。a cold のように可算名詞で用いられると「風邪」の意味になります。

❺ slightly = a bit = a little「少し」

425 ☐☐ 年上の人には敬意を払うべきである。

❶ respect「尊敬する・点」から派生する形容詞には，**respectful「敬意を表する」**・**respectable「立派な」**・**respective「それぞれの」**が挙げられます。

❷ respect「尊敬」+ -ful「満ちている」=「敬意を表する」，respect「尊敬する」+ able「できる」=「立派な」，respect「点」+ -ive「〜の性質を持つ」=「それぞれの」となります。

426 ☐☐ ジョージは想像力豊かな作家だ。

❶ 動詞 imagine「想像する」から派生する形容詞には，**imaginative「想像力豊かな」**・**imaginable「想像できる」**・**imaginary「架空の」**などが挙げられます。

427 ☐☐ 今日の午後はご都合いかがですか？

❶ convenient「都合がよい」は「人」を主語に取らず，**時間や場所のような「事」を主語に取ります。**

❷ 前置詞は to you でも間違いではありませんが，for you のほうが一般的です（⇒**362**）。

428 ☐☐ 明日，あなた空いてる？

❶ ×Are you convenient tomorrow? とは言えませんが（⇒**427**），Are you available tomorrow? という言い方はよく使います。

❷ available は「**手が空いている**」の他に「**利用できる**」「**役に立つ**」などの意味もあり，日常生活での使用頻度がかなり高い語です。

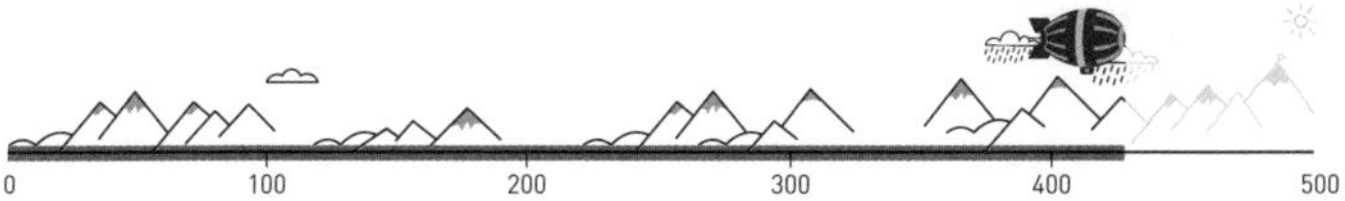

You should be respectful to the elderly.

❸ *be* respectful to A「A に対して敬意を払う」
❹ elderly は形容詞として old「年配の」と同じ意味を持ちますが，the elderly = elderly people「お年寄りたち」の形でもよく用いられます。

George is an imaginative writer.

❷ imagine「想像する」+ -tive「〜する力を持つ」=「想像力豊かな」，imagine「想像する」+ -able「できる」=「想像できる」，imagine「想像する」+ -ary「〜に関する」=「架空の」

Is this afternoon convenient for you?

❸ 冒頭文は Is it convenient for you this afternoon? のように it を主語にしたり，Will it be convenient for you this afternoon? のように助動詞の will を用いても問題ありません。

Are you available tomorrow?

❸ 冒頭文は，Will you be available tomorrow? のように will を用いても構いません。また available の代わりに free を用いて，Are you free tomorrow? と言うこともできます。

429 ☐☐ 幸いなことに，その事故でけが人は誰もいなかった。

❶ fortunately「**幸運にも**」のような副詞を文頭に置いて，後続する文全体を修飾することがあります。

❷ 文修飾の副詞には，surprisingly/amazingly「**驚いたことに**」・certainly/surely「**確かに**」・probably「**多分**」・perhaps「**ひょっとすると**」・regrettably「**残念ながら**」など多数あります。

430 ☐☐ 私はそのボクシングの試合を見て，とても興奮した。

❶ **目的語に人**を取り，「(人) に［感情］を与える」という意味を持つ動詞が分詞になると，100% 形容詞扱いされます。これを**分詞形容詞**と言います。

❷ たとえば excite「(人) を興奮させる」は，物を興奮させることはできないので目的語は人になります。そして「(人) に［興奮という感情］を与える」ので，これが分詞化した exciting や excited は分詞形容詞ということになります。

431 ☐☐ その知らせはジェーンにとってがっかりするものだった。

❶ disappointing も分詞形容詞の一つです。disappoint「(人) をがっかりさせる」という動詞の変形で，人に失望という感情を与える側を説明するときは disappointing，失望を与えられる側を説明するときは disappointed にします。ここでは，「その知らせ」が失望を与える側なので -ing にします。

432 ☐☐ なんて素敵な日だったのでしょう。

❶ **<名詞 + -ly>** はふつう**形容詞**になります。lovely「素敵な」・friendly「親しい」・motherly「母のような」・worldly「世俗的な」がその例です。

❷ **<形容詞 + -ly>** はふつう**副詞**になります。luckily「幸運にも」・gently「優しく」・fully「十分に」・truly「本当に」などがその例です。

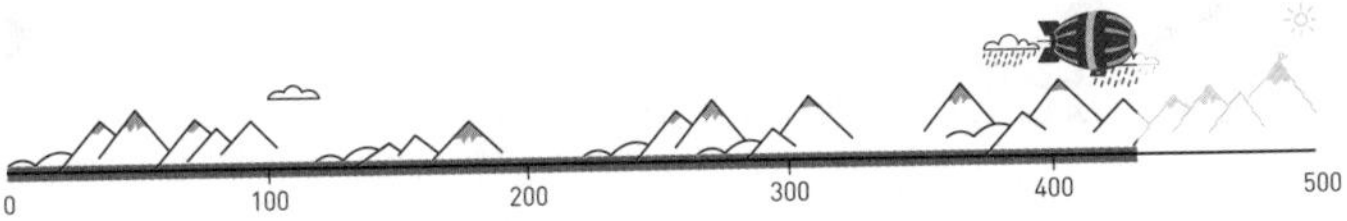

Fortunately, no one was hurt in the accident.

❸ hurt「(人) を負傷させる」は hurt-hurt-hurt と活用します。冒頭文では過去分詞の hurt で受動態になっています。「その事故で」は×by the accident ではありません。事故の中に巻き込まれるイメージで in を用います。

I was really excited to see the boxing match.

❸ 分詞形容詞を -ing にするか -ed にするかは，**感情を与える側の説明をするときは -ing，感情を与えられる側の説明をするときは -ed** と覚えておくといいでしょう。冒頭文では，私(I)が興奮を与えられる側なので excited にします。
❹ ここでの to 不定詞は，感情の原因を表す副詞用法の不定詞です（⇒**171**）。

The news was disappointing to Jane.

❷ 分詞形容詞になる動詞をいくつか紹介しておきます。**satisfy「満足させる」・surprise/amaze/astonish「驚かせる」・please「喜ばせる」・bore「退屈させる」・interest「興味を与える」**などです。

What a lovely day we had!

❸ slow のように，形容詞「ゆっくりした」と副詞「ゆっくりと(= slowly)」の用法を兼ねるものもあります。deep「深い・深く(= deeply)」や loud「大声の・大声で(= loudly)」なども類例です。
❹ 感嘆文は **What a[an] 形容詞 名詞 (S V)！**の形が基本です。冒頭文は We had a lovely day. が元の文になります。

17 比較 _ COMPARISON

433 ☐☐

ジムは見た目ほど若くない。 ➲原級を使って

❶ 形容詞または副詞のもともとの形を**原級**と言います。
❷ **as 形容詞 / 副詞の原級 as 比較対象「…と同じくらいに～」**
最初のas は副詞で「同じくらいに～」の意，2 つ目の as は SV と SV をつなぐ接続詞です。接続詞 as の後ろに SV がない場合は省略されていると考えましょう。
❸ **not as[so] 形容詞 as 比較対象「…ほど～でない」**
as ～ as …構文に not がつくと，副詞の as を「それほど」を意味する so に変えることができます。<not so 形容詞>で「それほど～ではない」と言って

434 ☐☐

今日は昨日よりも暖かい。 ➲比較級を使って

❶ **比較級**とは，形容詞や副詞の語尾に -er をつけたり，その前に more を添えることで「より～」の意味を表す語形のことです。
❷ **than は接続詞**で，SV と SV をつなぎます。than の後ろに SV がない場合は省略されていると考えましょう。

435 ☐☐

そのサッカー選手は 6 試合で 6 得点をあげた。

➲six を一度だけ使って

❶ <as many + 複数名詞>で「**それと同数の複数名詞**」を意味します。ここでは，「それ(得点)と同じ数の試合→6 試合」ということになります。

436 ☐☐

自動化によって，2030 年までに 3 億 7500 万人もの人が新しい仕事を見つけなければならないかもしれない。 ➲require を使って

❶ <as many as + X>は X(数字)を強める働きをし，「**X(数詞)もの**」の意味になります。なお，量を強めるときは<as much as X>にします。

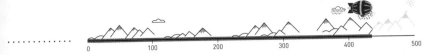

Jim is not as young as he looks.

おいて，不足した「どれほど」に相当する部分を<as 比較対象>で補います。

❹ **比較 3 原則**という言葉をご存知ですか？　きっとご存知ないでしょう。勝手に僕が作った言葉です。**比較基準・比較対象・比較結果**の 3 つを指し，比較の英文を見たときに必ず考えるべきことです。

❺ ここでの比較基準は「若さ」です。比較対象は「ジム」と他の誰かではなく，「ジム（の実際）」と「ジムの見た目」です。比較結果は「見た目ほど実際は若くない」となります。

It is warmer today than (it was) yesterday.

❸ ここでは It is warm today. と It was warm yesterday. を比べていますが，単純に today と yesterday の比較と考えることもできるので，than の後ろの it was はなくても構いません。

❹ なお，この it は，寒暖を表すときに用いる非人称の it と呼ばれるものです。具体的に何かを指すわけではありません。

The soccer player scored six goals in as many games.

❷「サッカー」はアメリカで soccer と言いますが，football という語を使う国のほうが多いです。

Automation may require as many as 375 million people to find new jobs by 2030.

❷ require O to *do*「O に～することを要求する」

❸ 期限「～までに」を表す前置詞は by です。

437 ☑☑ できるだけゆっくり歩きなさい。

❶ as 形容詞 / 副詞の原級 as possible「できるだけ〜」
❷ ここでは副詞の slowly「ゆっくりと」に as 〜 as possible が絡んだ形です。

438 ☑☑ モーツァルトは，どの音楽家にも劣らないほど偉大だ。 ⊕as を使って

❶ as 〜 as any（+ 名詞）「どの（名詞）にも劣らないほど〜」は最上級に近い意味を表します。

439 ☑☑ 彼女は古来まれな運動選手だ。 ⊕as を使って

❶ as 〜 as ever lived「今までにないほど〜」も先の **438** 同様，内容的に最上級に近い表現です。

440 ☑☑ その車は新車同然だ。 ⊕as を使って

❶ as good as 〜「〜も同然だ」
❷「新車(a new car)に劣らず良い(as good as)」から「新車も同然だ」となったと考えます。

441 ☑☑ 彼女は私のことを嘘つきとまで言った。 ⊕as を使って

❶ go so far as to *do*「〜しさえする」

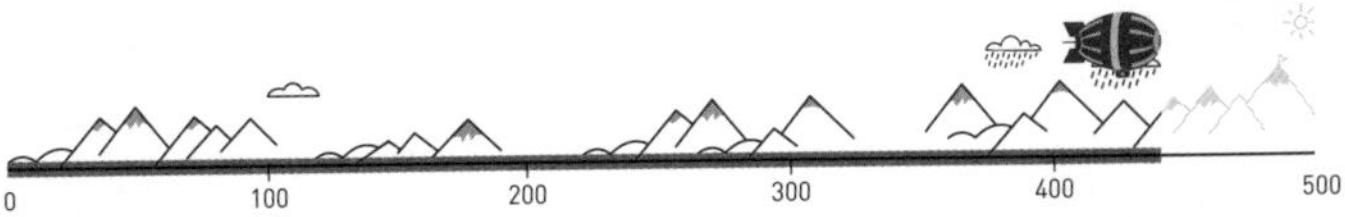

Walk as slowly as possible.

❸ Walk as slowly **as you can.** に書き換えることも可能です。

Mozart is as great a musician as any.

❷ as ～ as の間に＜a/an + 形容詞 + 名詞＞が割り込むと，＜as + 形容詞 + a/an + 名詞＞の語順になります。

She is as great an athlete as ever lived.

❷ as ～ as any that has ever lived「これまでに生きたどの人にも劣らず」の下線部が省略された形と考えることができます。
❸ **as ～ as ever「相変わらず」**と混同しないようにしましょう。
[例] He is as idle as ever.「彼は相変わらずブラブラしている」

The car is as good as new.

❸ as good as = almost = nearly = next to

She went so far as to say that I was a liar.

❷「～するほど遠くに行く」が直訳ですが，これが**物理的な距離**ではなく**行動の程度**に応用されたと考えます。

442 ☑☑
彼は自分自身の名前さえ書けない。➡ as を使って

❶ not so much as *do*「～さえしない」
❷「それほどのことができない（can't do so much）；do は省略」と言われたら，「どれほどのこと？」が不足情報となるので，それを「自分自身の名前を書く

443 ☑☑
その同僚は，さよならも言わずに帰った。

❶ without so much as *do*ing「～さえせずに」
❷ 先の **442** における，副詞の not が前置詞の without に変わったため，動名詞が後続します。

444 ☑☑
彼女は歌手というよりもむしろ女優だ。➡ as を使って

❶ not so much A as B「A というよりむしろ B」
❷「それほど歌手ではない（not so much a singer）」に「どれほど？」の具体的内容「女優ほど（as an actress）」が説明されたものです。

445 ☑☑
この冷蔵庫は，あの冷蔵庫の 2 倍の値段だ。➡ as を使って

❶ <X times as ～ as …>で「…の X 倍の～」を表します。ただし「2 倍」は twice，3 倍以上は three times のように X(具体的な数字)を入れます。ちなみに「半分」なら half,「5 分の 3」なら three fifths です。

446 ☑☑
富士山は日本で一番高い山だ。➡ 最上級を使って

❶ **最上級**とは，形容詞や副詞の語尾に -est をつけたり，その前に most を添えることで「(3 者以上で）最も～」の意味を表す語形のことです。

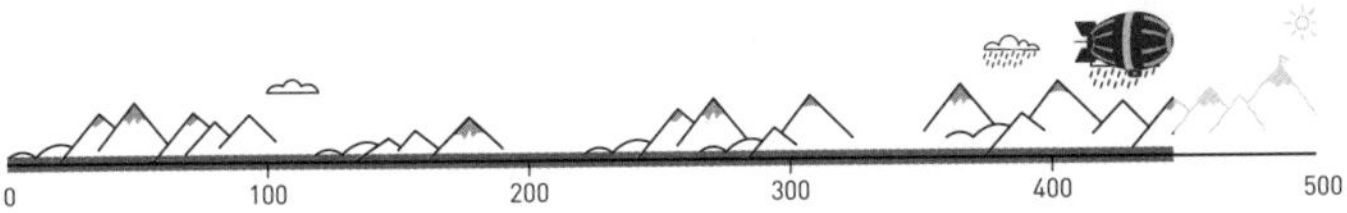

He can't so much as write his own name.

ほどの（as write his own name)」で補います。
❸ 冒頭文は，He **can't even** write his own name. に書き換えられます。

The colleague left without so much as saying goodbye.

❸ 冒頭文は，The colleague left **without even** saying goodbye. に書き換え可能です。

She is not so much a singer as an actress.

❸ 冒頭文は，**B rather than A「A よりむしろ B」**を使って，She is an actress rather than a singer. に，また **more A than B「B よりも A」**を使って，She is more an actress than a singer. と書き換えることができます。

This fridge is twice as expensive as that one.

❷ that one の one は fridge の繰り返しを避けるための代名詞です。
❸ fridge は refrigerator も可ですが，長いので短縮して用いることが多いです。

Mt. Fuji is the highest mountain in Japan.

❷「～の中で」を表す語には of と in がありますが，**all と us/them/you（あなたたち）および数字に対しては of，それ以外は in** と押さえておけばほぼ大丈夫です。

447
富士山は日本で一番高い山だ。 ➔ Mt. Fuji で始めて ➔ 比較級を使って

❶ 比較級 than any other 単数名詞 .「他のどの単数名詞よりも比較級」

448
富士山は日本で一番高い山だ。 ➔ No で始めて ➔ 比較級を使って

❶ No (other) 単数名詞 ～ 比較級 than A.「A よりも比較級な単数名詞は（他に）ない」

449
富士山は日本で一番高い山だ。 ➔ No で始めて ➔ 原級を使って

❶ No (other) 単数名詞 ～ as[so] 原級 as A.「A ほど原級な単数名詞は（他に）ない」

450
彼女は私よりもずっと背が高い。

❶ much は比較級の前に置いて，「ずっと」を意味する強めの表現です。

451
横浜は日本で 2 番目に大きな都市だ。

❶ 最上級を表す形容詞や副詞の前に序数（second, third, fourth …）を置くと「X 番目に～」を表せます。ここでは largest の前に second を置くことで「2 番目に大きい」ことを表しています。

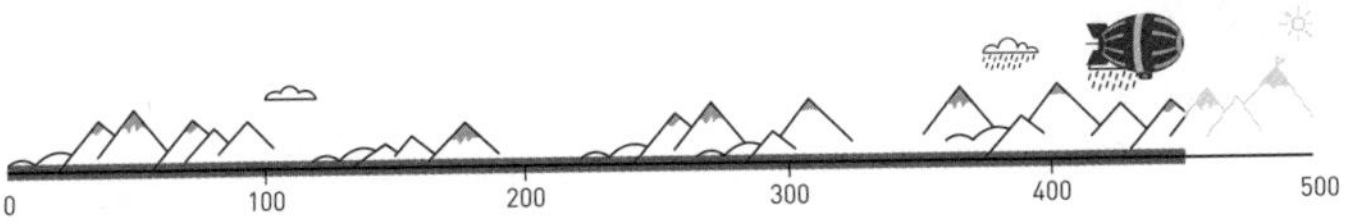

Mt. Fuji is higher than any other mountain in Japan.

❷ 最上級（先の **446**）とほぼ同じ意味を表します。

No（other）mountain in Japan is higher than Mt. Fuji.

❷ これも最上級とほぼ同じ意味を表す表現の一つです。

No（other）mountain in Japan is as[so] high as Mt. Fuji.

❷ not as[so] ～ as …「…ほど～でない」がベースの英文ですが（⇒**433**），これも最上級相当表現です。

She is much taller than I am.

❷「**ずっと**」を表す語は他にも **far** や **a lot** などがあります。「**なお一層**」という意味を出したいなら **still** や **even** を用います。

Yokohama is the second largest city in Japan.

❷ ちなみに「最後から２番目」は，the last but one（「１つを除いて最後」が直訳）で表します。

452 ☑☑ **そのホテルは，宿泊客にとびきり上等のサービスをすることで知られている。**

❶ 最上級の前に very を置いて「**ずば抜けて**」の意味を加えます。
❷ 同じ強調語の much や by far は，the の前に置いて，much the best service や by far the best service とします。

453 ☑☑ **ニュージーランドは，人の数よりも羊の数のほうがずっと多い。** ⊕ There are で始めて

❶「ずっと多くの名詞」は<many more + 可算名詞>か<much more + 不可算名詞>で表します。
❷「多くの」を意味する語は many と much がありますが，**many「多数の」の比較級 more を強める語は many** で，**much「多量の」の比較級 more を強める語は much** ということです。

454 ☑☑ **このシャツは，あのシャツよりもずっと値がはる。**

⊕ cost を使って

❶ 不可算名詞に用いる much「多くの」の比較級 more を強める語は much でした。
❷ ここでは，much money が比較級 more money になって，それを much で強めたと考えます。cost「(お金が) かかる」という動詞があるので money

455 ☑☑ **富は健康ほど重要ではない。**

❶ 2者を比べて，一方が他方よりも程度が低いことを表す比較を**劣勢比較**といい，<less + 原級 + than + 比較対象>の形をとり，「**…ほど～でない**」と訳します。

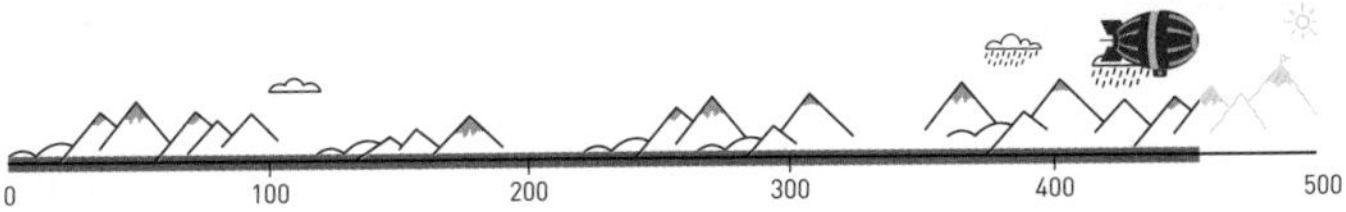

The hotel is known for giving guests the very best service.

❸ guest は「招待客」のことですが，**ホテルの「客」**も **guest** で表します。ホテル側が客を招待して，おもてなしをするという体裁になっているからです。

❹ *be* known for A「A で知られている」 この for は**理由**を表し，ここではそのホテルが知られている理由を求めて giving 以降に向かうイメージです（⇒**122**）。

There are many more sheep than people in New Zealand.

❸ この many more の many は，たとえば one more book，two more books，three more books …の延長線として，数詞の部分を曖昧にしたいときに many more books とするのです。

❹ sheep「羊」は可算名詞で，複数形は sheep のままです（単複同形）。

This shirt costs much more than that one.

という語はなくても通じます。

❸ much more の much は，たとえば a little more money「もう少し多くのお金」の a little の部分の程度をもっと上げたいときに much more money にしたと考えればわかりやすいでしょう。

Wealth is less important than health.

❷ **not as[so]** ～ **as** …の形に書き換え可能です。= Wealth is **not as[so]** important **as** health.

456 ☑☑ **私は田舎より都会が好きだ。** ➜ than を使わずに

❶ ラテン語由来の動詞 prefer は than の代わりに to をとり，**prefer A to B「B よりも A のほうが好きです」**と表します。
❷ like を用いて書き換えると，**like A better than B** です。

457 ☑☑ **この候補者は，あの候補者よりもずっと優れている。** ➜ than を使わずに

❶ ラテン語由来の形容詞の比較級は語尾が -or で終わるものが多く，**superior「より優れた」**もその一つです。他にも **inferior「より劣った」**，**major「大きいほうの」**，**minor「小さいほうの」**，**prior「前の」**，**posterior「後の」**などがあります。

458 ☑☑ **私は妹よりも 3 つ年上だ。** ➜ than と by を使わずに

❶ ***be* senior to A「A よりも年上だ」**もラテン語を起源とする比較表現で，***be* older than A** と同意です。
❷ senior「年上の」の反対語は junior「年下の」です。

459 ☑☑ **2 つのプレゼンのうち，君のほうが説得力があった。**

❶ **the 比較級 of the two「2 つのうち，より～なほう」**
❷ 通例，比較級には the がつきませんが，「2 者の中でより～なほう」と言えば，自動的に 1 つに決まるので限定詞の the が必要になります。

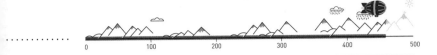

I prefer the town to the country.

❸ なお，prefer の形容詞形 preferable「より好ましい」も前置詞 to と共に用います。[例] The town **is preferable to** the country.「都会のほうが田舎よりもよい」

This candidate is much superior to that one.

❷ *be* superior to A = **_be_ better than A「A よりも優れている」**
❸ ラテン語由来の比較級は通常 **much や far で強めます。**
❹ ここでの one は candidate の繰り返しを避ける代名詞です。

I am three years senior to my sister.

❸ **差を表す前置詞 by** を使って表現することも可能です。I am senior to my sister by three years.

Your presentation was the more persuasive of the two.

❸ 形容詞 persuasive「説得力がある」は，動詞 persuade「(人) を説得する」の派生語です。

460 ☑☑ 歴史を学べば学ぶほど，彼は歴史に興味を抱いた。

➜the を 2 回用いて

❶ The 比較級 S V, the 比較級 S V.「～すればするほど…」
❷ 比例を表す接続詞 as「～につれて」を使って，以下のように書き換えることも可能です。
= As he studied history more, he was more interested in it.
❸ 上の英文を見ればわかる通り，前半の more は副詞 much「大いに」の比較級，後半の more は形容詞 interested を比較級にするための more です。

461 ☑☑ 彼には欠点があるからそのぶん一層彼のことが好きだ。

❶ (all) the 比較級 + 理由の表現「…なので，そのぶん一層比較級」
❷ 副詞の all「ますます」は，強めの語なのでなくても構いません。

462 ☑☑ 人間的弱さがあるからといって，そのぶん彼を嫌いになるわけではない。

❶ none the 比較級 + 理由の表現「…だからといって，そのぶん～なわけではない」
❷ 前の **461** に出てきた all の反対語は none です。代名詞用法に限っていうと，all は 3 者以上を全肯定し，none は 3 者以上を全否定します（なお，冒頭文に

463 ☑☑ クジラはウマ同様，魚ではない。

❶ A is no more B than C is D.「A が B でないのは C が D でないのと同じだ」
BとD が同じ場合，D を省略することができます。また，簡略化して A is no more B than C「A は C 同様 B でない」とすることもできます。
❷ 比較級の前に no が置かれると，本来比較することで生まれるはずの 2 者の差を打ち消して，イコールにしてしまいます。ここでは，「クジラが魚だ」とい

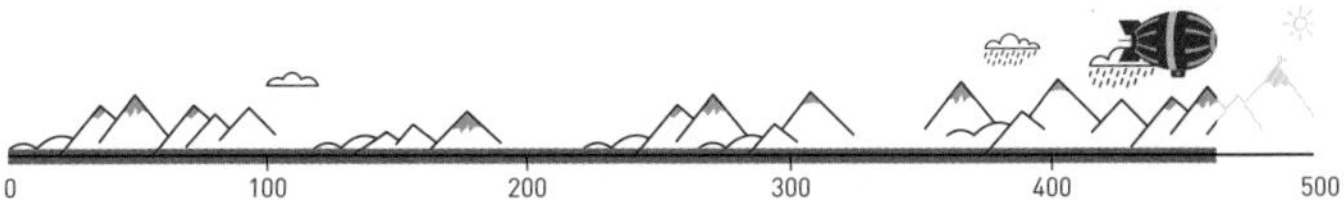

The more he studied history, the more interested he was in it.

❹ The sooner, the better.「**早ければ早いほどいい**」のように，SV 部分が省略されることもあります。

❺ ここから先は，英語の学者になりたい人だけ読んでください。この構文における，前半の the は接続詞の働きをする関係副詞で「〜すればするほど」という意味のかたまりを成し，後半の the は前半の内容を受けて「それだけ…」を意味する指示副詞です。以上，好奇心のある人への超マニアック解説でした。

I like him (all) the better for his faults.

❸ ここでの「理由の表現」は，＜理由を表す前置詞 for + 名詞＞になっていますが，接続詞 because を使って，because he has faults などとも表現できます。

I like him none the less because he has human weakness.

おける none は副詞です)。

❸ 彼に人間的な弱さがあるという理由で，私の彼に対する好きな(I like him)気持ちがそのぶん減る(the less)ということはない(none)というのが直訳です。

❹ because 以下は，for his human weakness でも同じ意味になります。

A whale is no more a fish than a horse is (a fish).

う文と「ウマが魚だ」という文の真実性がイコールになるため，「ウマが魚だ」が真実でないのと同様に「クジラが魚だ」も真実ではないという結論に至るのです。

❸ この構文の特徴は，than 以下が 100 人中 100 人「ありえね〜」と言う内容がくることです。確かにウマが魚なはずはないですよね？

464 ☑☑

クジラはウマ同様，哺乳動物だ。

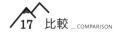

❶ A is no less B than C is D.「A が B であるのは C が D であるのと同じだ」
先の **463** 同様，B と D が同じ場合，D を省略することができます。また，簡略化して no less A than B「B 同様 A だ」とすることもできます。
❷ これも比較級の前に no が置かれることで，「クジラは哺乳動物だ」と「ウマは哺乳動物だ」という 2 つの文の真実性がイコールであることを表します。ウ

465 ☑☑

昨夜は 4 時間しか眠らなかった。 ⊙than を使って

❶ no more than X(数字)「X しか～ない (= only X)」
❷ これも no が比較級 more than X の前に置かれることで，**差を打ち消し，X とイコールになる**ことを表します。同時に，プラスイメージの more を no で打ち消し，X が「少ない」という気持ちでとらえられるため「X しか～ない」と訳せるのです。

466 ☑☑

そのお姫様は親指くらいの大きさしかなかった。

⊙than を使って

❶ no 比較級 than A「A と同じくらいに～」
❷ これも比較級の前に no があるので，お姫様と親指の大きさの差が打ち消されて，結果的に両者が同じ大きさになります。さらに no が bigger を強く否定

467 ☑☑

彼の講義にはせいぜい 10 人の学生しか出席していなかった。 ⊙than を使って

❶ not more than X(数字)「せいぜい X(= at most X)」
❷ 比較級の前に置くと差を打ち消してイコールにしてしまう no とは異なり，not は単に後続する内容を否定するだけです。not more than 10 ならば，10 を超える(more than 10)ことはない(not)のだから多くても 10，場合によっ

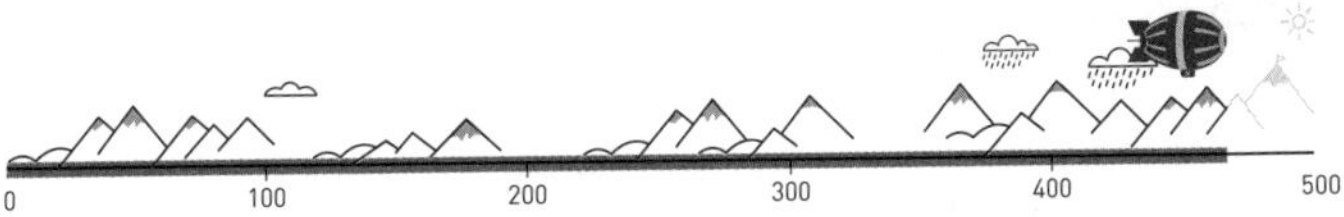

A whale is no less a mammal than a horse is (a mammal).

マが哺乳動物であるのはもちろん真実なので，クジラも同様に哺乳動物だと結論できます。

❸ この構文の特徴は than 以下が 100 人中 100 人「そうだよね～」と言う内容がくることです。ウマが哺乳動物だということは周知の事実ですよね？

I slept no more than four hours last night.

❸ 反対表現 no less than X(数字)「X もの（= as many[much] as X)」は，差を打ち消し X とイコールになる点は no more than X と変わりませんが，マイナスイメージの less を no で打ち消すことで，X が「多い」という感覚になります。

❹ at night「夜に」に this や last が付くと，前置詞の at は消えます。

The princess was no bigger than a thumb.

することで「小さい」感覚になるため，「親指ほどの大きさしかなかった」と訳せます。

There were not more than ten students present at his lecture.

ては 9 や 8 の可能性もあります。

❸ 反対表現の not less than X(数字)「少なくとも X(= at least X)」も合わせてマスターしておきましょう。

468 ☐☐ **もうこれ以上待てない。** ⊕ no を使って

❶ no longer「もうこれ以上〜ない (= not 〜 any longer)」
❷ 比較級の前に no が置かれると，差を打ち消してイコールにしました。ここでは，文末に than this を補うと，待てる(can wait)時間の長さ(long)がここまで待った時間(this)とイコールである(no)ため，「今がもう限界」の意味を表

469 ☐☐ **私は歩けない。ましてや走れない。** ⊕ much を使って

❶ 否定文, much[still] less A.「…でない。ましてや A でない」
❷ 私は歩けないのだから，走る(run)ことはできる(can)度合いにおいてずっと(much)下がる(less)ということ。

470 ☐☐ **トムは賢明というよりも利口だ。**

❶ more A than B「B というより A」
❷ 2者の持つ同一の性質を比較するのではなく，**同一の人や物が持つ異なる性質を比較する**場合に，この形を用います。A と B にはそれぞれ**形容詞の原級**が置かれます。

471 ☐☐ **彼女は恋人と一緒にいるときが一番幸せだ。**

❶「3者以上の中で最も〜」では<the + 最上級>を用いますが，**同一の人や物における性質が「最も〜だ」というときは the をつけません。**

472 ☐☐ **日ごとにますます暖かくなってきている。**

❶ 比較級 and 比較級「ますます〜」
❷ ここでの it は「寒暖」を表す非人称の it。文の体裁を整えるためのものなので

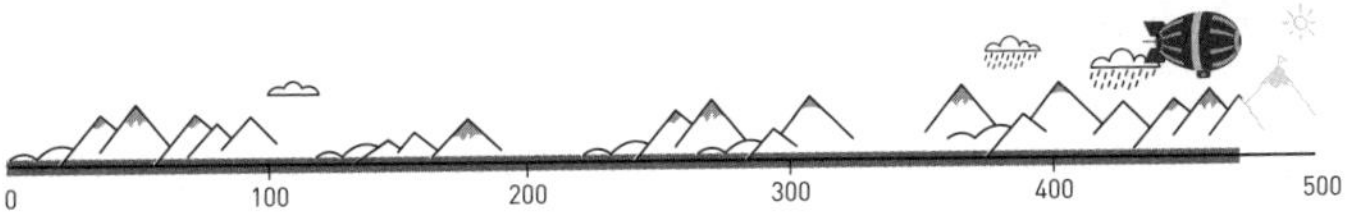

I can no longer wait.

します。

❸ <not any = no>により，冒頭文は I can't wait **any longer**. と書き換えることもできます。

I can't walk, much less run.

❸ 同意表現の let alone を使って書き換えるとこうなります。I can't walk, **let alone** run.　一人に(alone)させる(let)すなわち「放っておく」が直訳で，歩くことさえできないのだから，走るなど放っておくしかないレベルで無理，ということです。

Tom is more clever than wise.

❸ Tom is cleverer than John.「トムはジョンよりも利口だ」は2者の持つ利口さの度合いを比較しています。冒頭文との違いに注目してください。

❹ wise は知識や経験が豊富で，**賢明な判断ができる**という意味。clever は，**頭の回転が早くて利口**，場合によっては抜け目のないずる賢さを表します。

She is happiest when she is with her boyfriend.

❷ She is the happiest of us all.「彼女は我々全員の中で最も幸せだ」との違いに注意しましょう。

It is getting warmer and warmer day by day.

日本語にはしません。

❸ day by day「日ごとに」

473 ☑☑ **最も賢い人でさえも間違いはある。** ➔even を使わずに

❶ 最上級が文脈で「**〜さえも (= even)**」という意味を含むことがあります。

❷ <the + 形容詞>は「形容詞な人々」の意味になります。the wise = wise people

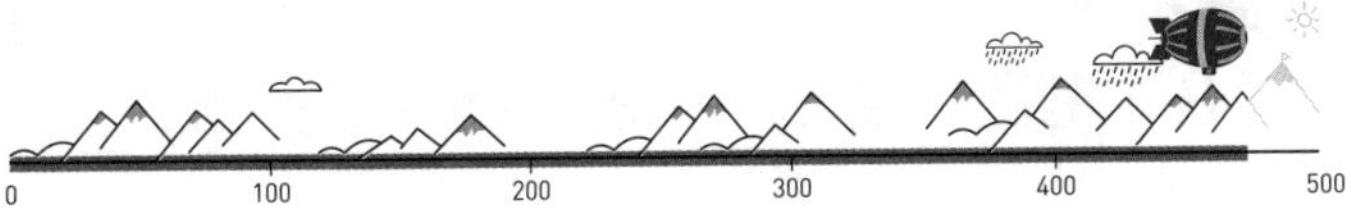

The wisest make mistakes.

❸ = Even the wisest people make mistakes.

Track 18

18 倒置・省略・強調・挿入など — INVERSION, ELLIPSIS, EMPHASIS, PARENTHESIS, etc.

474 ☑☑ 私がジェーンに会ったのは昨日のことだ。 ⊙ It で始めて

❶ It is[was] ～ that …の形で，**名詞または副詞**を強めたものを強調構文と言います。It is[was] の後ろに強調語句を，残りの文を that の後ろに置きます。

475 ☑☑ 私が昨日会ったのはジェーンだ。 ⊙ It で始めて

❶ I met Jane yesterday. の名詞 Jane を強めた形です。参考までに I を強めると，It was me that met Jane yesterday.「昨日ジェーンに会ったのは私だ」となります。It's I that …という言い方はあまりしません。

476 ☑☑ 大事なのは，身なりではなく，その人となりだ。 ⊙ it と what を使って

❶ **not A but B「A ではなく B」**

❷ ここでは what you wear「人が身につけているもの→身なり」が A に，what you are「その人となり（人柄）」が B に置かれています。**count** は自動詞で**「重要である」**という意味。

477 ☑☑ 私はそんな美しい景色を見たことがない。 ⊙ Never で始めて

❶ **否定の副詞要素**が文頭に置かれると**倒置**という現象が起こります。倒置とは，**クエスチョンマークのついていない状態の疑問文の形**のことです。

❷ 冒頭文は，I have never seen …が元の形ですが，副詞の never が文頭に来ることで，I have が have I と倒置を起こしています。なぜ倒置が起きるかというと，もし倒置が起きないと never が直後の I を否定してしまうことになるの

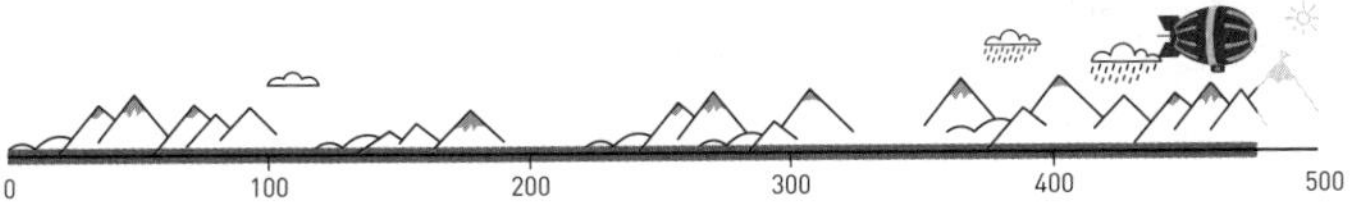

It was yesterday that I met Jane.

❷ 冒頭文は，I met Jane yesterday. が元の文で，副詞の yesterday を強めています。「一昨日でも 1 週間前でもない，昨日なんだ」ということは，強調構文というより**区別構文**とも言えるし，元の文が 2 か所に分裂していることを考えると，**分裂文**という言い方もできると思います。

It was Jane that I met yesterday.

❷ 強調語句が人の場合は who/whom を，物の場合は which を，that の代わりに用いることができます。冒頭文の場合は，目的語が強調語のため It was Jane whom I met yesterday. としても OK です。

It is not what you wear but what you are that counts.

❸ 元の文は，Not what you wear but what you are counts.「身なりではなく，その人となりが重要だ」で，Not から are までが主語，counts が述語動詞です。冒頭文は，It is ～ that …の強調構文の～のところに主語が，…のところに述語動詞が置かれています。

❹ count = matter = be important「重要である」

Never have I seen such a beautiful sight.

で，動詞を否定していることを明示するため，ある種の「いけにえ」として be 動詞や助動詞を never の直後に差し出す形を取るのです。

❸「そんな美しい景色」such a beautiful sight = so beautiful a sight　語順に注意！

478 ☐☐ 昨日になって初めて私はその事実を知った。 ➔ Not で始めて

❶ この英文は，元は I did not know the fact until yesterday.「昨日までずっと私はその事実を知らなかった」ですが，until は前に not を伴って用いられることが多いため，ここでは not until yesterday が文頭に出て「昨日になってようやく」とか「昨日になって初めて」といった意味を表します。また，not

479 ☐☐ 昨日になって初めて私はその事実を知った。 ➔ It で始めて

❶ 先の **478** の英文を It was ～ that …の強調構文にしたものです。

480 ☐☐ その窓を割ったのはいったい誰だ。

➔ it is[was] ～ that …の強調構文を使って

❶ 疑問詞を it is[was] ～ that …の強調構文で強めると，疑問詞 is[was] it that 残りの文？となります。

❷ 冒頭文の成り立ちを順に説明すると，(1) Bob broke the window.「ボブが窓を割った」→ Bob を強調すると(2) It was Bob that broke the window.「窓

481 ☐☐ いったいそれはどういう意味ですか？ ➔ on earth を使って

❶ 疑問詞の直後に **on earth** や **in the world** などをつけて，疑問詞を強めることがあります。口語では **the hell** を使うことが多いです。

Not until yesterday did I know the fact.

until yesterday は否定の副詞要素なので直後の文は倒置が起こります。

❷ not until を only に変えて，Only yesterday did I know the fact. としてもほぼ同じ意味です。

It was not until yesterday that I knew the fact.

❷ 強調したい副詞句 not until yesterday を It was の直後に置き，残りの文を that の後ろに置きます。このとき，that の後ろは倒置文ではない通常の語順になります。

Who was it that broke the window?

を割ったのはボブです」→これを疑問文にすると(3) Was it Bob that broke the window?「窓を割ったのはボブですか？」→ Bob を who にして，疑問詞なので文頭に出すと(4) Who was it that broke the window?

What on earth do you mean by that?

❷ What do you mean by that?「それってどういう意味ですか？」は，文字通り相手の発言の意味がわかりにくいときにも用いますが，相手が何か失礼なことを言ったときに「それってどういうこと？　ふざけないでくれ！」といったニュアンスで使うことも多いので，くれぐれも言い方には気をつけましょう。

482 ☐☐ 幸せな人とは，誰かを愛し，そしてその人から愛される人だ。 ➔ Happy で始めて

❶ SVC 文型の文は，**CVS に語順転倒する**ことがあります。英語は**重要情報が文末に置かれる**ため，ここでは S を重要情報としてじっくり説明しようという意図が感じられます。

483 ☐☐ その映画はとても退屈だったので，私は途中で眠ってしまった。 ➔ So で始めて

❶ これも先の **482** 同様，SVC が CVS に語順転倒しています。本来の語順は，The movie was so boring that I fell …で，so ～ that …構文の変形です。

484 ☐☐ 彼の怒りは相当なものだったので，彼はかんしゃくを起こした。 ➔ Such で始めて

❶ これも SVC が CVS に語順転倒したもので，His anger was such that he lost …が通常の語順です。

485 ☐☐ 電車が来た！ ➔ Here で始めて

❶ SVM が MVS に語順転倒することがあります。The train comes here. が通常の語順ですが，副詞の here を文頭に置くことで「ほら！」と相手の注意を引きつけておいて，次に「来たよ」，最後に「これから乗る電車が」と，重要情報を最後に持ってきます。

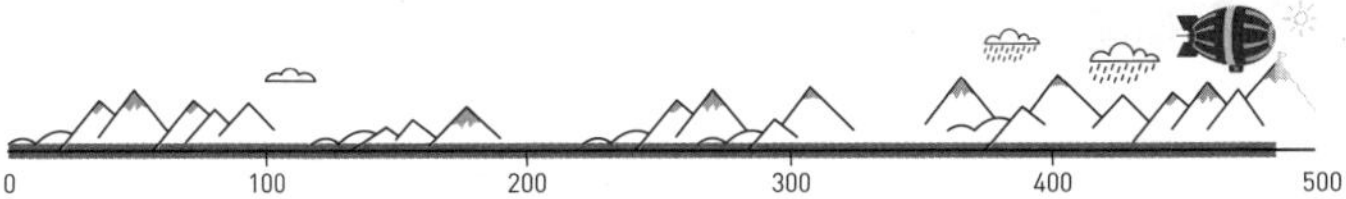

Happy is a person who loves someone and is loved by them.

❷ someone を受ける代名詞は，それが男性か女性かわからないため he/she (he or she と読みます) とすることが多かったのですが，he/she では複雑だし，最近ではジェンダーの問題もあって they（冒頭文では目的格の them）で受けるのが一般的です。「someone は単数なのに，they で受けてもいいの？」という声が聞こえてきそうですが，男か女かわからない場合はたとえ1人でも they で OK なのです（⇒**242**）。

So boring was the movie that I fell asleep on the way.

❷「眠りに落ちる」fall asleep　<fall + 形容詞>は**「急にある状態に陥る」**という意味です（⇒**231**）。
❸ on the way「途中で」は，具体的にどこかに行く途中以外でも使えます。

Such was his anger that he lost his temper.

❷ such が補語になると**「相当なもの」**という意味になり，**so great** に似た意味を表します。ただし，He got so angry that he lost …のほうが口語的です。

Here comes the train!

❷ よく使われる類例 **Down** came the shower.「にわか雨が降ってきた」も，The shower came down. が語順転倒したものです。

486 ☐☐ テーブルの上に花びんがある。

❶ 不特定なもの(A)が存在する(be)ことを表すときには There is[are] A の構文を使います。
❷ A vase is on the table. とは普通言いません。a vase が新情報のため，それを文頭には置きたくない意識が働くからです。The picture is on the wall.「そ

487 ☐☐ たとえ何が起ころうと，私はいつも君の味方だ。

➔ Come で始めて

❶ Come what may は，その語順の通り「来なさいよ！ 何であろうと」というニュアンスの慣用表現です。

488 ☐☐ 交通渋滞のせいで，私たちは定刻通りに到着できなかった。

➔ The traffic jam で始めて

❶ prevent O from *do*ing「O が～するのを妨げる」
❷ Due to the traffic jam, we couldn't arrive on time. と書き換え可能です。
❸ 主語が無生物で，目的語が人になっている文を「**無生物主語構文**」と言います。自然な訳出のコツは，**主語を「～が原因で」「～ならば」のように副詞的**

489 ☐☐ 5分歩けば，郵便局に着きますよ。 ➔ bring を使って

❶「5 分の歩きが，あなたを郵便局に連れてくるでしょう」が直訳の無生物主語構文です。
❷ 所有を表すアポストロフィの 's は，Ted's cafe「テッドのカフェ」のように「人」につくことが大半ですが，today's newspaper「今日の新聞」や冒頭文のように，時を表す語につくこともあります。複数形の s がついている名詞に

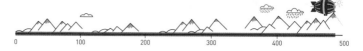

There is a vase on the table.

の絵が壁にかかっています」は正しい文ですが，これは the picture が既知情報のため，there を文頭に置いて語順転倒する必要はありません。

❸ ここでの there は明確な意味を持たない副詞です。

Come what may, I'll always be on your side.

❷ 冒頭文を書き換えると以下のようになりますが，譲歩の副詞節中でよく見られる may は，口語ではあまり使われません。［文語］Whatever may happen, ［口語］Whatever happens,

❸「（人）の味方である」*be* on A's side = support A

The traffic jam prevented us from arriving on time.

に訳し，目的語を主語のように訳します。

❹ on time「定刻通りに」 予定の時間と実際の時間が接触(on)しているイメージです。

❺「交通渋滞」the traffic jam

Five minutes' walk will bring you to the post office.

は，'s ではなく単にアポストロフィだけがつきます。たとえば，「女子校」は girls's school ではなく，girls' school と言います。

❸ bring A to B「A を B に連れてくる」

❹ If you walk five minutes, you will get to the post office. に書き換え可です。

490 ☐☐

ヘビをちょっと見ただけで，彼女は気分が悪くなる。

⊙ make を使って

❶ 他動詞が名詞化した直後の of は目的格関係で「～を」と訳せました（⇒**379**）。sight は他動詞 see「～を目にする」が名詞化したものなので，「ヘビを目にすること」と訳せます。mere は「単なる・ほんの」を意味する形容詞で sight を修飾しています。

491 ☐☐

この写真を見ると，私はいつもローマでの休日のことを思い出す。 ⊙ This picture で始めて

❶ remind A of B「A(人)に B(事)を思い出させる」

492 ☐☐

インターネットのおかげで，私たちは自宅で買い物ができる。 ⊙ The Internet で始めて

❶ S allow O to *do*「O が～するのを許す」
冒頭文のように無生物主語構文のときは**「S のおかげで O は～できる」**と訳すと自然です。

493 ☐☐

過度のダイエットのせいでカレンは病気になった。

❶ cause O to *do*「O が～する状態を引き起こす」 冒頭文も無生物主語です。
❷ この構文は，S が**原因**で，O to *do*「O が～する」が**結果**になります。

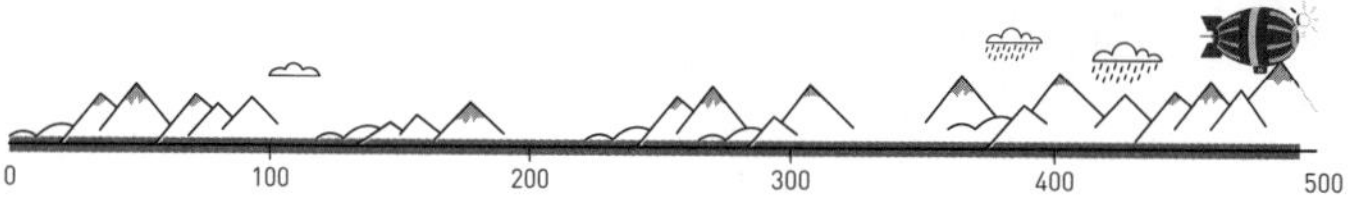

The mere sight of a snake makes her sick.

❷ make O 形容詞「O を～の状態にする」
❸「ヘビを単に目にすることが，彼女を気分悪くさせる」が直訳の無生物主語構文です。

This picture always reminds me of my holiday in Rome.

❷ Whenever I see this picture, I remember my holiday in Rome. に書き換え可です。

The Internet allows us to do the shopping at home.

❷「買い物をする」do the shopping
❸「インターネット」はふつう the をつけて，大文字の I で始めます。
❹ Thanks to the Internet, we can do the shopping at home. への書き換えが可能です。

An extreme diet caused Karen to get sick.

❸ diet は第 1 義が「日常の食物」で，第 2 義が「食事療法（= 減量ダイエットなど）」です。ここでは第 2 義で使われています。

494 ☐☐

脳は，ひとたび酸素を奪われると，間もなく死んでしまうだろう。

❶ 英文に主節・従節の関係があって，なおかつ両節の主語が同じとき，**<従節中の S + be 動詞>を省略できます。**

❷ ここでは，Once it is deprived of oxygen, の下線部が省略されています。it = the brain です。

495 ☐☐

ロンドン滞在中に，私は多くの博物館に行った。

❶ 冒頭文は，While I was staying in London, の下線部が<従節中の S + be 動詞>のため省略されたと考えることもできますが，Staying in London, で始

496 ☐☐

信じてくれよ。本当に昨夜君に電話したんだ。

❶ 一般動詞の原形の前に**助動詞の do/does/did** を加えることで，**動詞の意味を強める**ことができます。

497 ☐☐

瓶には，もしあるとしても，ほとんどミルクは残っていない。

❶ There is little milk left in the bottle.「瓶にミルクはほとんど残っていない」が基本の英文ですが，「もしあるとしても」という意味を加えたければ little の直後に if any を挿入します。

❷ ここでの if any は，even if there is any milk「たとえどんな量であれ，ミルクがあるとしても」の下線部が残ったと考えられます。

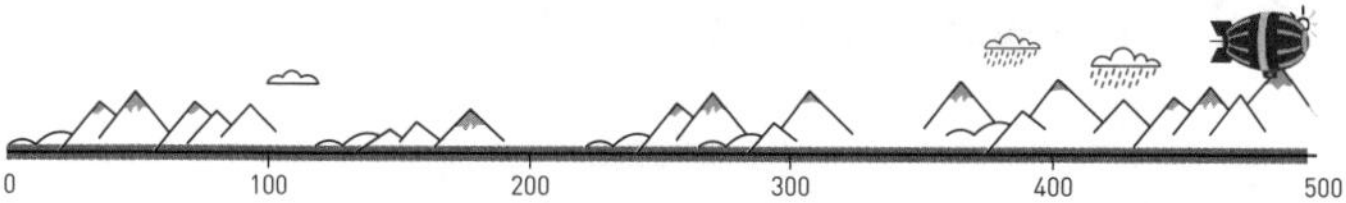

Once deprived of oxygen, the brain will soon die.

❸ deprive A of B「A から B を奪う」が受動態になっています。
❹ 接続詞 once は「ひとたび S が V すると」です。

While staying in London, I went to a lot of museums.

まる分詞構文に while を加えて接続詞の意味を明確にしたとも解釈できます。誤解が生じないので，どちらで解釈しても構いません。

Believe me. I did call you last night.

❷ 冒頭文は，I called you last night. でも文法的には問題ないのですが，下線部を did call にすることで，「本当に電話したんだ」と動詞の意味を強調します。

There is little, if any, milk left in the bottle.

❸ 存在しているものが可算名詞の場合は，little の代わりに few を使います。
[例]Ichiro makes few, if any, mistakes in defensing.「イチローは守備において，もしあるにせよミスをすることはほとんどない」

498 ☑☑

ジムは一家の厄介者だったし，今もそうだ。 ➔共通関係を使って

❶ この英文は，and が was「過去」と is「現在」を並列関係でつなぎ，Jim was a black sheep in the family. と Jim is a black sheep in the family. という２文を１文につないだ形になっています。これを**共通関係**と言います。

❷ 共通関係の特徴の一つは，最初の並列要素の最後と，もう一つの並列要素の最後に，それぞれカンマ（,）がつくことです。ここでは，was と is の直後にそ

499 ☑☑

君にどなってすまない。そうするつもりなどなかったんだ。

➔代不定詞を使って

❶ 日常会話では，文頭の I'm や Are you がしばしば省略されます。最初の文においては，I'm sorry I yelled at you. の下線部は，状況から明らかな場合省略されます。

500 ☑☑

パパは僕に自転車を買ってくれ，ママは僕におもちゃを買ってくれた。

❶ and は文法上対等なもの同士をつなぎます（⇒**005**）が，and の前後に文が置かれ，なおかつ両者に意味的な対応関係がある場合，重複している要素が省略されることがあります。

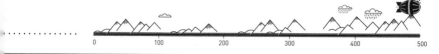

Jim was, and is, a black sheep in the family.

れぞれカンマがついています。

❸ a black sheep「黒い羊→厄介者」は，昔は黒い羊毛を染めることができなかったため，白い羊毛よりも価値が低く，そのため黒い羊はあまり好まれない存在だったというのが語源です。

Sorry I yelled at you. I didn't mean to.

❷ 後半の文では，I didn't mean to yell at you. の下線部が省略されています。その結果，不定詞の to で文が終わっています。これを**代不定詞**と言います。これも先の文で述べた箇所の重複を避けるために，よく使われます (⇒**190**)。

Dad bought me a bicycle and mom a toy.

❷ ここでは，dad「パパ」に対する mom「ママ」，a bicycle「自転車」に対する a toy「おもちゃ」の関係が見えるので，mom bought me a toy の下線部が省略されていることがわかります。

Congratulations on completing this 500-sentence journey!

You're better prepared to tackle your next English challenge!

21Y20